CHEMIN DE FER

DE

CHAUMONT

A LA LIGNE DE L'EST.

DERNIÈRES OBSERVATIONS

SUR

Les deux tracés présentés pour relier Chaumont et Neufchâteau à
la ligne de l'Est.

TOUL — IMPRIMERIE DE A. BASTIEN, RUE DU SALVATEUR, 12

1864.

CHEMIN DE FER

DE

CHAUMONT A LA LIGNE DE L'EST

PAR NEUFCHATEAU

‿‿‿

Dans son numéro du 9 août 1862, le journal LA MEUSE a publié la pièce suivante :

« Nous publions ci-dessous la délibération de la Commission d'enquête, constituée dans le département de la Meuse, pour donner son avis sur les divers tracés proposés pour le chemin de fer de Chaumont à la ligne de l'Est.

» La Commission, après en avoir délibéré :

» 1° *Au point de vue de la construction de la ligne :*

» Considérant que de l'étude comparative des deux tracés présentés par Messieurs les Ingénieurs, il résulte :

» Que le tracé par la vallée de la Meuse est dans de bonnes conditions de courbes et de pentes ; que les déclivités n'y dépassent pas $0^m,005$ par mètre ;

» Que les terrassements y seront d'une exécution facile, les tranchées peu profondes, dans des terrains solides et d'une fouille peu coûteuse ;

» Que le tracé par les plateaux est, à la vérité, dans de bonnes conditions de courbes, mais que les pentes y atteignent jusqu'à $0^m,007$ par mètre sur le quart du parcours ;

» Que les terrassements y présentent des difficultés considérables, notamment, une longue tranchée de 12^m82 de profondeur, où les neiges pourront s'amasser, causer des retards, des dépenses et même des dangers ;

» Que ces travaux se poursuivent dans des marnes sujettes à glissement, et qu'il s'en suivra des réparations fréquentes et coûteuses pour l'entretien de la voie.

1.

» 2° *Au point de vue de* ~~*······ction*~~ *avec les autres voies de communication :*

» Considérant que les deux ~~·····~~ se soudent à la grande ligne de l'Est au moyen de rampes et d~~·····~~ courbes convenables, mais que, près de Toul, le point d'inte~~·····tion~~ du chemin projeté avec le canal de la Marne au Rhin offr~~·····~~ une différence de niveau considérable entre ces deux voies de communication, et occasionnerait dès lors des frais de transbordement onéreux, tandis qu'à Pagny cette différence est bien moindre ;

» Que ce fait est de la plus grande importance, car le canal amènera la majeure partie des houilles se rendant, soit de Prusse, soit du Nord, dans la partie de la Meuse, des Vosges et de la Haute-Marne traversée par le chemin projeté ;

» Que le tracé par la vallée de la Meuse offre comme prolongement direct et rationnel le chemin de Lérouville à Sedan, qui longeant le même cours d'eau, doit réunir, dans un avenir probablement peu éloigné, le bassin houiller Belge avec le bassin métallurgique de la Meuse et de la Haute-Marne.

» 3° *Au point de vue stratégique :*

» Considérant que si le tracé par les plateaux relie plus directement Chaumont et Neufchâteau à Toul, il est vrai de dire, qu'en raison des pentes, les transports y seront plus longs et plus difficiles ;

» Que le tracé par la vallée de la Meuse reliera plus directement ces deux villes aux places fortes de Verdun, Montmédy, Sedan et Mézières ;

» Que d'ailleurs la Commission ne saurait motiver plus longuement son avis sur un point qui est entièrement du ressort d'Ingénieurs spéciaux ;

» 4° *Au point de vue agricole :*

» Considérant que le tracé par les plateaux ne desservirait que deux cantons, ceux de Toul (sud) et Colombey, tandis que celui par la vallée de la Meuse vivifiera trois cantons, ceux de Vaucouleurs, Gondrecourt et Void, ce qui lui assure, d'après les calculs basés sur la Statistique publiée en 1860 par les soins du ministère de l'agriculture, du commerce et des travaux publics, un tonnage d'environ 50,000 tonnes, supérieur à celui de son rival, ainsi qu'il résulte du tableau annexé à la présente délibération ;

» Que même dans la Meurthe le canton de Thiaucourt s'est prononcé pour le tracé par la vallée de la Meuse ;

, Et qu'une partie de ceux de Domèvre et de Toul (nord) se rattache au même chemin par la disposition des lieux ;

» Que la prolongation de cette voie sur Sedan doit encore rendre plus fécond l'avenir de cette ligne, qui, dans l'autre tracé, expire à Toul ;

» Que les débouchés à donner aux produits de la vigne sont, de l'aveu de la Commission de Toul, vers Paris, et nous le croyons aussi vers le nord, avantage que leur assurerait la prolongation du tracé par la Meuse ;

» Que dans certaines années les céréales devront aussi, par suite de la suppression de l'échelle mobile, s'écouler vers le Nord ;

» 5° *Au point de vue commercial :*

» Considérant qu'il importe d'établir la ligne projetée de manière à faciliter, le plus possible, les communications entre la Belgique et le Nord-Est de la France d'une part, et le Sud-Est de la France, d'autre part ;

» Qu'à cet effet il convient de se rapprocher autant que possible d'une ligne droite partant d'Anvers et allant à Marseille ;

» Que le tracé par la vallée de la Meuse s'en éloigne moins que celui par les plateaux ;

» Que du reste, dans le passé, le transit entre ces deux points avait toujours suivi la vallée de la Meuse par la route Impériale n° .

» 6° *Au point de vue industriel :*

» Considérant que le but principal de la ligne projetée est de fournir aux usines métallurgiques de la Haute-Marne et de la Meuse le combustible minéral, et de réaliser en cela le programme de Sa Majesté l'Empereur, du 5 juillet 1860 ;

» Que ce combustible ne peut venir utilement que de Prusse, d'une part, de Belgique ou du Nord de la France de l'autre ;

» Que le combustible de Prusse, dans un avenir très rapproché, arrivera par le canal de la Sarre et celui de la Marne au Rhin, et que la distance de 10 kilomètres, entre Toul et Pagny, parcourue par bateaux, sans être une cause d'augmentation dans le fret, sera largement compensée par la plus grande facilité de transbordement, d'une part, et la plus grande économie occasionnée par une traction plus facile, d'autre part ;

» Que les houilles de Belgique et de Valenciennes, qui arriveront, soit par le canal de l'Aisne et celui de la Marne au Rhin, soit par le chemin de Sedan à Lérouville (lorsqu'il sera construit), auront 10 kilomètres de moins à parcourir et, en outre, des crêtes moins élevées à franchir ;

Que de Neufchâteau à Toul il n'existe aucun établissement industriel devant offrir un tonnage considérable, et que parmi les quelques usines secondaires qui s'y rencontrent, les unes, celles de Bellevue et de Chaudeney peuvent utiliser aussi avantageusement la ligne de l'Est, et l'autre, celle de Vannes, la voie par la vallée de la Meuse ;

» Que le tracé de la Meuse, au contraire, dessert toutes les usines hydrauliques de la vallée, les hauts-fourneaux, fonderies et ateliers de Tusey, pouvant à eux seuls fournir un tonnage minimum de 12,000 tonnes ; les hauts-fourneaux et laminoirs d'Abainville, 20,000 tonnes ; les hauts-fourneaux et forges de Bertheléville, Dainville, Bonnet et Papon, dont les feux, n'attendent pour se rallumer que la création d'une voie de communication à leur portée ; les trois tuileries de Maxey-sur-Vaise; celle de Maxey-sur-Meuse ; la filature de Demange-aux-Eaux et la tréfilerie de Vacon pour les transports à destination du midi ;

» Est d'avis à l'unanimité :

» 1° Qu'il convient de préférer le tracé par la vallée de la Meuse à celui par les plateaux ;

» 2° D'appeler l'attention du Gouvernement sur l'urgence qu'il y aurait à faire étudier et construire un chemin de fer descendant la vallée de la Meuse de Lérouville à Sedan, et complétant ainsi la grande ligne d'Anvers à Marseille. »

L'ÉCHO DE L'EST, du 10 juillet 1862, contient de son côté la lettre suivante :

Tusey, 8 juillet 1862.

MONSIEUR LE RÉDACTEUR,

« Nous avons sous les yeux une brochure intitulée : *chemin de fer de Chaumont à Toul,* publiée par M. Petitbien, propriétaire à Blénod-les-Toul, dont le but est de faire valoir le tracé de Neufchâteau à Toul, en concurrence de celui de Neufchâteau à Pagny-sur-Meuse, par la vallée de la Meuse, devant desservir les usines de Tusey et d'Abainville.

» M. Petitbien aurait du, avant d'écrire, prendre des renseignements sérieux, et ne pas s'écarter de la vérité au détriment d'une usine pour favoriser le projet dont il paraît s'être fait l'ardent défenseur.

» Il dit, page 36 de sa brochure, en parlant de l'usine de Tusey :

» Elle renferme un haut-fourneau, un cubilot et des ateliers de montage. Elle occupe près de 100 ouvriers et fournit environ 3 tonnes par jour, au maximum, de fonte de 1re et de 2me fusion, soit environ 10,000 tonnes par an, etc.

» Voici la vérité :

» Tusey a 1 haut-fourneau et 2 cubilots, et non 1.

» Tusey a 250 ouvriers inscrits à l'usine, plus les manœuvres employés dans les minières, les coupes de bois, etc., et les voituriers de Vaucouleurs et des environs qui amènent à Tusey les mines, charbons, coke, fontes, sables, etc., et qui transportent au chemin de fer les produits que nous livrons dans toute la France. — Soit en tout 500 et non 100.

» Tusey livre et reçoit par an, en moyenne, 24,000 tonnes, et non 10,000, y compris les approvisionnements.

» Nous comptons, Monsieur, sur votre impartialité pour vouloir bien publier dans votre prochain numéro la lettre que nous avons l'honneur de vous adresser, afin qu'on sache bien que la brochure citée n'est faite que dans un but calculé, sans préoccupation des besoins de l'industrie. C'est, en un mot, une question d'amour-propre et de clocher. M. Petitbien est, dit-on, maire de Blénod-les-Toul.

» Agréez, Monsieur, l'assurance de notre considération distinguée.

P. p^{on} MUEL, WAHL et Cie.

Le gérant provisoire,

A. PHILIPPOTEAUX.

Les observations qui suivent ont pour objet de répondre à ces deux pièces.

CHEMIN DE FER

DE CHAUMONT

A LA LIGNE DE L'EST.

Dernières observations sur les deux tracés présentés pour relier Chaumont et Neufchâteau à la ligne de l'Est.

Nous avions bien, dans notre première Notice, manifesté nos appréhensions, lorsqu'après une enquête unique qui avait été favorable aux plateaux, et quand l'Administration avait entre les mains les deux études, nous avons vu, sous prétexte des avantages immenses que devrait procurer le tracé par la vallée de la Meuse, remettre en question le point de raccordement à adopter pour la ligne de Chaumont sur celle de l'Est : néanmoins nous ne nous attendions pas à ce que le succès publié par nos adversaires serait aussi facile.

Il est fàcheux que l'on n'ait pas cru devoir énumérer les immenses avantages qui devaient faire préférer le tracé de la vallée, et que le Mémoire prescrit par l'art. 3 de l'ordonnance du 18 février 1854 ne les ait pas fait connaître : les commissions d'enquête auraient peut-être été convaincues, et on leur eut ainsi épargné un travail considérable, ou bien elles eussent fait voir, si elles les avaient reconnues, les erreurs sur lesquelles reposait cette appréciation.

Toutefois, le résultat acquis n'a pas du être appuyé sur les avis émis par les commissions, puisque sur trois deux avaient voté en faveur du tracé des plateaux.

Nous avons publié, pendant l'enquête, quelques notes dans lesquelles nous avons essayé d'éclairer la question ; elles continuaient et appelaient une discussion ouverte par nos adversaires, mais à l'exception d'une lettre de M. Philippoteaux, à propos des produits que nous avions attribués à l'usine de Tusey, les défenseurs du tracé par la vallée ont gardé le silence. Cependant le journal *la Meuse* a fait connaître le procès-verbal de la Commission d'enquête de son département.

La publicité des documents que chacun apporte est un moyen d'éclairer l'administration et de faire justice de toute espèce d'influence. La raison finit toujours par en sortir et par triompher. Nous redoutons la critique occulte et les arguments que l'on ne fait valoir que dans le cabinet; aussi savons-nous gré au journal *la Meuse* d'avoir publié cette délibération qui fait le principal objet de notre travail d'aujourd'hui.

Il ne nous avait pas néanmoins semblé utile de discuter cette pièce, non plus que la lettre de M. Philippoteaux, tant notre droit nous paraissait bien établi, malgré la perspective trop relevée du tonnage promis au tracé par la vallée, et nous nous serions abstenu si M. Millon n'eut, dans la dernière session du Corps législatif, continué à vouloir faire considérer le tracé par les plateaux, comme traversant des contrées relativement stériles.

Nous avons dit que nous ne laisserions pas peser cette infériorité sur notre pays, et n'y eut-il plus rien à faire, que nous nous croirions également obligé de relever cette persistance à attribuer aux plateaux une stérilité qui n'existe que du côté de la Meuse.

Puis le silence serait peut-être blàmable si nos adversaires triomphaient aussi facilement, et si nous ne faisions pas encore un effort pour faire ressortir les avantages du tracé par les plateaux, et les droits, selon nous méconnus, des populations de cette contrée.

Ce sera d'ailleurs pour nous une occasion de remercier les personnes qui nous ont fourni des documents ou facilité nos recherches; ce que nous ferons d'autant plus volontiers, que nous aimons à constater que partout, soit de la part de l'Administration, soit de la part des particuliers, nous avons rencontré un bienveillant empressement à mettre à notre disposition tout ce dont nous avons demandé communication. Nous en témoignons ici toute notre reconnaissance.

Nous allons donc discuter tout ce qui a été publié, en suivant l'ordre de la délibération reproduite par le journal *la Meuse*. Nous tâcherons d'être aussi succinct que possible et nous ferons en sorte de ne froisser aucune susceptibilité, car nous ne contestons la bonne foi de personne; mais nous dirons néanmoins, avec notre indépendance ordinaire, tout ce qui nous paraîtra être utile au débat, et nous serions heureux, si le suceès doit continuer à favoriser nos adversaires, d'être convaincu de leurs droits et d'erreurs dans nos appréciations, afin que nous puissions applaudir avec eux.

1° Au point de vue de la construction de la ligne.

« Considérant (dit la Commission de la Meuse), que le tracé par
» la vallée de la Meuse se trouve dans de bonnes conditions de
» courbes et de pentes, dont les déclivités ne dépassent pas 5 mil-
» limètres par mètre, que les terrassements y seront d'une exé-
» cution facile, les tranchées peu profondes dans des terrains
» solides et d'une fouille peu coûteuse.

» Que le tracé par les plateaux est, à la vérité, dans de bonnes
» conditions de courbes, mais que les pentes y atteignent jusqu'à
» 0,007 millimètres par mètre sur le 1/4 du parcours, que les
» terrassements y présentent des difficultés considérables, et no-
» tamment une longue tranchée de 12^{m}82 de profondeur, où les
» neiges pourront s'amasser, causer des retards, des dépenses et
» même des dangers.

» Que ces travaux se poursuivent dans des marnes sujettes à
» glissement et qu'il s'en suivra des réparations fréquentes et coû-
» teuses pour l'entretien de la voie. »

Il ressort en effet des pièces produites par MM. les ingénieurs, à
l'enquête, que les déclivités dans le tracé de la Meuse ne dépassent
pas 0^m,005 millimètres par mètre. Ce résultat a sans doute été obtenu
par la réduction des lignes droites et des rayons des courbes ; aussi
les alignements droits sont-ils, par les plateaux, de 25,560^m,75,
tandis que leur longueur totale par la vallée n'est que de 19,525^m,22.
Au contraire, le développement des courbes est de 20,826^m,78 par
la vallée, tandis qu'il n'est que de 14,751^m,35 par les plateaux.

Le projet par la Meuse montre une courbe d'un rayon de 500
mètres, 18 de 700 mètres, tandis que celui des plateaux n'en présente pas au-dessous de 700^m, encore n'en a-t-il que 3 de cette di-
mension.

On voit qu'en ce qui concerne les courbes et les alignements, le
chemin par les plateaux est dans de meilleures conditions, car
plus il y a d'alignements, ou plus les rayons des courbes sont al-
longés, moins il y a de frottement, et moins il faut de force pour
entraîner un poids donné. C'est aussi pour l'entretien et la surveil-
lance moins de sujétion : avantage qui, au besoin, viendrait com-
penser et faire disparaître l'augmentation de déclivité, si elle ne
pouvait être réduite par le moyen employé sur l'autre tracé.

Mais en supposant que le tracé par les plateaux ne puisse pas
être amélioré, ce qui est loin d'être démontré, pense-t-on que

les quelques pentes de 0,007 millimètres par mètre, qui sont indiquées entre Neufchâteau et Toul, soient un inconvénient qui doive faire préférer celui de la vallée ; nous ne le croyons pas, car cela n'a point d'importance. De semblables déclivités se rencontrent sur beaucoup de nos grandes lignes de chemin de fer, sans qu'on y fasse attention. Au cas particulier, les rampes de 0,007 millimètres n'auraient d'inconvénient qu'autant que dans l'autre partie du projet, entre Neufchâteau et Bologne, elles pourraient être renfermées dans les limites de 0,005 millimètres ; parce qu'alors on aurait besoin pour tout le parcours d'une force moins grande. Mais la même machine devant faire le service de Chaumont à la ligne de Strasbourg et vice versâ, elle devra être d'une puissance suffisante pour gravir des rampes de 0,007 millimètres : car, nous avons sous les yeux un tableau des pentes et rampes qui porte qu'à partir de Bologne, après un palier de 745ᵐ on trouve une rampe de 0,008 millimètres sur une longueur de 5,495ᵐ. Avant le 10ᵉ kilomètre on en rencontre une seconde de 0ᵐ,007,864 sur 5,920, puis plusieurs autres de 0ᵐ,008, d'où il suit qu'il n'y a aucun intérêt à ce qu'elles soient réduites à 0,005 millimètres entre Neufchâteau et la ligne de l'Est.

Aujourd'hui ce chemin est concédé, et la compagnie d'après son cahier des charges, peut établir des rampes de 0,15 millimètres, latitude dont elle usera sans doute suivant les circonstances, pour éviter des travaux considérables, et qui enlève à la question des pentes et rampes toute l'importance qu'on paraît y attacher.

Quant aux tranchées et aux dangers qu'elles présenteraient, on n'a qu'à examiner les deux profils pour se convaincre qu'elles n'offrent pas plus d'inconvénient par le tracé des plateaux que par l'autre, et si le premier a la tranchée de St-Elophe, dont la plus grande hauteur est de 12ᵐ82, le tracé par la Meuse n'a-t-il pas celles des abords des tunnels qui atteignent 20 mètres, celle de St-Germain 14ᵐ85, et celle de Pagny-sur-Meuse 16ᵐ68 de profondeur.

Mais compte-t-on en avantages au tracé de la vallée ces grandes digues de 10 mètres de hauteur à travers la prairie, et les poches qu'elles formeront aux inondations ? Lui compte-t-on aussi en avantages d'être battu par les eaux sur environ 9 kilomètres de longueur, puis de se raccorder à la ligne de l'Est sur d'anciens marais encore mal assainis, et en un point aussi isolé que possible de toute habitation.

Suivant le rapport déposé à l'enquête, le tracé par la vallée de la Meuse rencontrerait des terrassements faciles, d'une fouille peu coûteuse, des tranchées peu profondes et un terrain solide ; l'autre, au contraire, montrerait des difficultés considérables, car après les

2.

tranchées de Coussey et de St-Elophe, ouvertes dans un rocher assez dur, on aurait dans la Meurthe la consolidation des marnes oxfordiennes qui exigerait de grandes dépenses, d'autant plus que les matériaux manqueraient sur le tracé, appréciations qui, toujours d'après le rapport, seraient appuyées sur des sondages, et dont il aurait été tenu compte dans les évaluations.

La délibération que nous discutons n'a donc eu, en quelque sorte ici, qu'à s'appuyer sur des préférences éloquemment énumérées, mais non, selon nous, suffisamment justifiées : ne trouvera-t-on pas singulier en effet, qu'en fin de compte entre ces deux projets, dont l'un est si flatté, si facile, qu'il rappellerait volontiers la construction des murs de Thèbes aux accords d'Amphion, tandis que l'autre paraît si difficile et si coûteux, qu'il ferait croire à de nouveaux travaux d'Hercule, on soit arrivé à des chiffres de dépenses relatives qui semblent prouver le contraire.

Il est vrai que la délibération ne parle pas de la dépense qui est pourtant une chose importante à mettre en ligne.

Quoique le rapport indique que les projets de détails sont complets des deux côtés, et que les évaluations ont été faites d'après la nature des terrains qu'ont fait reconnaître les sondages, nous croyons que si l'on avait étudié avec autant de soins le projet des plateaux que celui de la vallée, si on y avait mis seulement le 1/4 de la somme qui a été dépensée pour cet objet, on aurait obtenu un résultat tout différent : c'est à peine si l'on a vu depuis que la question des deux tracés est agitée, quelques rares employés s'occuper de celui que nous défendons, tandis que continuellement on étudie des améliorations sur l'autre.

Il a été pratiqué quelques fouilles depuis le plateau de Saint-Elophe jusqu'au 67e kilomètre, c'est-à-dire à la limite entre le département des Vosges et celui de la Meurthe, mais aucune ne nous a paru avoir été menée à profondeur, bien moins celles de St-Elophe que les autres, quoique celles-ci eussent bien mérité d'y être conduites, puisque, formant les deux tiers du cube total des déblais, ces tranchées ont une importance considérable sur l'évaluation des dépenses. Or, si ces fouilles n'ont pas été creusées au-delà de la couche de terre, à 2 ou 3 mètres de profondeur, si on n'a pas extrait de rocher, comment a-t-on pu juger des difficultés que présenteraient les couches inférieures ?

Le plateau de Coussey est entamé par les deux tracés et il est bien étonnant que sur une direction on n'ait que des terrains d'une fouille facile et peu coûteuse, tandis que sur l'autre ils soient si difficiles ; pourtant, si les difficultés doivent augmenter en raison de la profondeur des couches, les tranchées de Montbras, d'Ugny, de Saint-Germain et de Pagny devraient en présenter d'assez sérieuses, puisqu'elles atteignent des profondeurs plus grandes.

A partir du 67ᵉ kilomètre jusqu'à Toul, sur le tracé des plateaux, il n'a été fait *aucune fouille d'exploration* qui soit de nature à faire juger de la consistance du terrain.

Nous croyons pourtant être d'accord en cela avec un grand nombre d'ingénieurs, en disant qu'il est impossible de savoir exactement la nature des déblais qu'on doit trouver, si on n'a mené à fond des fouilles fréquentes, pour les reconnaître, et encore ne peut-on affirmer, pour peu que les tranchées soient longues, qu'on rencontrera des terrains d'une homogénéité parfaite. Combien de difficultés sont nées entre les compagnies et les entrepreneurs, à l'occasion de ces erreurs.

Il nous sera donc permis de dire qu'il nous paraît un peu téméraire, avec une étude si incomplète, d'affirmer des difficultés aussi grandes sur le tracé par les plateaux, et de si grandes facilités, au contraire, par la vallée de la Meuse : cela est inexcusable lorsque de tels intérêts sont engagés, et qu'une erreur d'appréciation peut non seulement jeter l'État dans des dépenses considérables, mais encore éloigner, par des appréhensions non raisonnées, l'administration du seul tracé rationnel, et priver ainsi les contrées auxquelles elle revient et à tous les titres, d'une voie sur laquelle elles devaient compter.

Ce n'est pas sans raison que nous nous plaignons, car la Commission de la Meurthe justement étonnée de l'évaluation comparative des deux avants-projets, a dû inviter MM. les ingénieurs du département à lui donner quelques éclaircissements, et lorsqu'on connaît l'esprit de corps qui existe entre tous les membres de l'administration des Ponts-et-Chaussées, on comprendra quelles réserves ces Messieurs ont mises en répondant aux questions qui leur ont été faites touchant les appréciations de leurs collègues.

On doit bien accorder à MM. les ingénieurs appelés par la Commission, quelque connaissance du pays, lorsqu'on sait qu'ils ont fait exécuter des travaux considérables, et particulièrement dans le département de la Meurthe et ses voisins, les canaux et chemins de fer qui les traversent; ensuite que l'arrondissement de Toul est desservi par 200 kilomètres de routes impériales et départementales, situation qui les met à même de bien connaître la nature des terrains, les ressources de la contrée, et de faire de bonnes évaluations.

Or, ces Messieurs, entre autres renseignements, ont déclaré unanimement « qu'on s'était trop effrayé des marnes oxfordiennes » d'où on doit conclure que ces grandes dépenses pour la consolidation des talus et de la voie sont plus imaginaires que réelles, et que le chiffre total doit baisser de tout ce que cette frayeur a suggéré de travaux préservatifs superflus.

Examinons donc un peu les évaluations : disons d'abord que nous croyons qu'on pourrait en augmentant un peu la hauteur du viaduc du Vair, réduire celle des tranchées, dut-on faire des emprunts de terre pour compléter les remblais aux abords : les fouilles ont démontré que ces emprunts seraient faciles et cette modification nous paraîtrait devoir produire une notable économie.

Nous ne parlerons que pour mémoire, de la différence d'évaluation des extractions de rocher sur les deux tracés ; l'avant-projet en porte 310,000^m à 2^f, 2^f 50^c et 3^f, dans le tracé par les plateaux, tandis qu'il n'en évalue que 105,000 mètres, à 2^f dans la vallée ; bien que, ainsi que les profils l'indiquent, on rencontre sur celui-ci des tranchées plus profondes. Nous ne pourrions d'ailleurs non plus apprécier ce point que d'une manière arbitraire.

Mais nous regardons comme inutile, la somme de 100,000 fr. portée pour couches de fondations sous le ballast, dans les parties argileuses ; c'est là le résultat d'appréciations que nous considérons comme erronées et que rien ne justifie. Si nous en croyons les études faites dans l'arrondissement de Toul, par M. l'ingénieur en chef des mines Jacquot, le chemin de fer de Paris à Strasbourg serait assis à peu près sur les mêmes terrains que ceux qui doivent être occupés par le tracé des plateaux, et on n'a pas songé, que nous sachions, à y établir des couches de fondations sous le ballast ; pourtant ces travaux importants ne sont pas menacés.

« Les bons matériaux de construction (dit M. Jacquot) *sont très-*
» *abondants dans le pays toulois.* Les deux massifs de roche
» calcaire qui les traversent dans la direction du nord au sud four-
» nissent sur de nombreux points d'excellents moëllons ; ils ren-
» ferment également de belles carrières de pierre de taille . . . . .
» Dans le coralrag inférieur, on trouve d'assez bons moëllons à
» Écrouves, Pagney, Lucey, Laneuveville, Foug, Ménillot, Blénod
» et Bulligny. »

Il y a très-peu de communes, surtout dans les cantons de Colombey et de Toul-sud, qui n'aient en abondance des pierres de construction, et s'il était vrai qu'il n'y en eut pas sur le tracé même, on trouverait partout des gites très-rapprochés.

On peut effacer encore au moins 100,000ᶠ sur le chiffre de 250,000ᶠ, porté pour assainissement des talus, réduction indiquée par MM. les Ingénieurs de la Meurthe, et qui laisse encore pour cet objet 150,000ᶠ, tandis que le tracé par la vallée n'a en regard que le modeste chiffre de 70,000ᶠ.

Suivant les mêmes avis, on doit ramener à 90,000ᶠ, au lieu de 150,000ᶠ, l'évaluation de la station de Barizey qui ne peut pas être plus importante que celle de Blénod.

L'avant-projet porte 550,000ᶠ pour la gare de biffurcation, qu'elle se fasse à Toul ou à Pagny. Si cette somme est suffisante pour Pagny, où tout est à créer sur des anciens marais, terrains à acquérir etc... elle serait trop élevée pour Toul où l'emplacement de la gare ne change pas, où on a déjà les terrains et bâtiments, où lors même qu'il y aurait à faire à ceux-ci des additions ou même des modifications radicales, des matériaux considérables pourraient être utilisés, où enfin on trouve des ouvriers sur place. Nous pensons être très modeste en ne côtant cette différence que 60,000 fr.

La longueur du tracé pour se raccorder à la ligne de l'Est, est par la vallée de la Meuse, de 40,550ᵐ. Le projet des plateaux la rencontre à 58,645 après le palier de 578 mètres. Mais on dit qu'il faudrait doubler la voie, et on compte dans les dépenses sa longueur jusqu'à l'axe du bâtiment actuel des voyageurs, à 40,092.

Nous ne voyons vraiment pas l'utilité de ces quatre voies accolées sur 1,500 mètres de longueur.

La ligne de Metz, qui a au moins autant d'importance que celle-ci, emprunte tout simplement la voie de la ligne principale, à laquelle elle est soudée. Il en est de même à Chaumont pour le chemin de Blesmes, ainsi que toutes les biffurcations que nous avons vues, et qui ne se font pas directement dans les gares. C'est là tout simplement une affaire d'aiguilleur, et nous pensons qu'on doit ramener la longueur à construire à 58,645 mètres.

MM. les Ingénieurs qui ont été consultés par la Commission de la Meurthe, ont déclaré que le prix de revient du mètre courant de tunnel dans le projet de la Meuse, leur paraissait devoir être porté à 1,400ᶠ au lieu de 1,000ᶠ, soit pour 550 mètres une différence de 140,000 fr.

Si nous appliquons ces chiffres rectifiés aux deux tracés, on aura :

TRACÉ DE LA MEUSE.

1° Acquisitions de terrains, 25,000f par kil., = 40,350 × 25,000f = ...		1,008,750
2° Terrassements (comme le projet).		2,500,000
Chaussées d'empierrement Id. 120,000		
Assainissement de talus. . Id. 70,000		300,000
Perrés, gazons et semis. . Id. 110,000		
3° Travaux d'art.		1,600,000
Ajouter pour les deux tunnels.		140,000
4° Gares et Stations.		
Domremy		
Sauvigny		
Maxey (comme le projet.		700,000
Vaucouleurs		
Pagny		
5° Clôtures, ballastages, voies, mobilier et matériel, 100,000f par kil. × 40,350 =		4,035,000
Totaux.		10,283,750
		9,544,690
Différence.		739,060

TRACÉ DES PLATEAUX.

1° Acquisitions de terrains, 22,000f par kil., × 58,645, = ...		850,490
2° Terrassements (comme le projet). . . .		2,750,000
Chaussées d'empierrements 120,000		
Assainissement de talus. . 130,000		550,000
Perrés, gazons et semis. . 100,000		
3° Travaux d'art.		1,200,000
4° Gares et Stations		
Ruppes 80,000		
Barisey 90,000		530,000
Blénod-les-Toul . . . 90,000		
Toul. 270,000		
100,000 × 58,645 =		5,864,500
		9,544,690

C'est donc déjà une économie de plus de **700,000f** qui ne nous paraît pas contestable, tout en admettant comme exactes les appréciations données sur la nature du rocher qui se rencontrera sur les deux tracés, et sans tenir compte 1° de la réduction à faire au tracé des plateaux, des terrassements comptés pour l'établissement de deux voies nouvelles accolées à la ligne de l'Est, sur une longueur de 1445 mètres, qui, calculés au taux moyen ajouterait encore plus de 100,000ᶠ à cette différence ; 2° de l'addition à celui de la Meuse, des imprévus considérables, dont sont toujours menacés les ouvrages exécutés dans les vallées et particulièrement dans celle-ci, dont les submersions périodiques et fréquentes exposent travailleurs, travaux, entrepreneurs, propriétaires et concessionnaires, à des dommages et à des mécomptes de toute nature.

En 1849, il a été dressé un projet par la vallée de la Meuse qui coûtait 1,700,000 francs de plus que celui qu'on présente aujourd'hui ; c'est plus du quart de la dépense ménagée, et on trouvera que c'est une belle économie, surtout si on considère que la main-d'œuvre a augmenté depuis lors dans une notable proportion. Mais cette différence ne résulterait-elle pas de l'atténuation des chiffres ou d'oublis dans le dernier travail ?

Nous ferons remarquer que sur les deux points où le chemin de fer traverse la vallée, la rivière se trouve appuyée au coteau, le débit de toute la largeur de la prairie devra donc se faire à l'une des extrémités, puisqu'il n'a pas été prévu de débouchés intermédiaires ; alors les eaux venant battre cette digue sur toute sa longueur seront obligées, après avoir tourbillonné et dégradé propriétés et travaux, de se former un courant latéral pour rejoindre le débouché unique lorsque la pente naturelle le permettra. Néanmoins les travaux imprévus en terrassements et ouvrages d'art sont évalués à 40,000ᶠ de plus par les plateaux que par la vallée, ce qui semblerait être une erreur ou un oubli.

Nous renvoyons à nos premières observations sur les inconvénients que présente à tous les points de vue, la biffurcation dans les marais de Pagny, il serait superflu de les rappeler ici.

Il n'est donc pas contestable que même dans les conditions du projet, au point de vue de la construction, le tracé des plateaux doit l'emporter, parce qu'il présente des courbes meilleures que celui de la vallée, des pentes moins fortes que sur la partie entre Neufchâteau et Chaumont, qu'il peut être notablement amélioré, que les difficultés signalées sont au moins exagérées, et qu'il offre une économie notable sur son rival.

La préférence à accorder aux plateaux est encore bien mieux établie, et les avantages bien plus sensibles si on examine les facilités laissées à la compagnie de l'Est par son cahier des charges, puisqu'on pourrait, même en baissant encore le viaduc du Vair, supprimer les tranchées aux abords que l'on a considérées comme étant d'une exécution difficile, ainsi que toutes celles qui sont indiquées dans les marnes oxfordiennes. Tandis qu'on ne peut éviter dans la vallée de la Meuse, ni ces grands remblais à travers les prairies, ni ces tunnels, ni ces ponts sur la Meuse, qui constituent déjà des travaux considérables et de sujétion.

2° Au point de vue de la jonction avec les autres voies de communication.

« Considérant que les deux tracés se soudent à la grande ligne
» de l'Est, *au moyen de rampes et de courbes convenables*, mais
» que près de Toul, le point d'intersection du chemin projeté avec
» le canal de la Marne au Rhin, offre une différence de niveau
» considérable entre ces deux voies de communication, et occasion-
» nerait dès lors des frais de transbordement onéreux, tandis qu'à
» Pagny cette différence est bien moindre ;

» Que ce fait est de la plus haute importance, car le canal amè-
» nera la majeure partie des houilles se rendant soit de la Prusse,
» soit du Nord dans la partie de la Meuse, de la Haute-Marne, tra-
» versée par le chemin projeté. »

Il semblerait, d'après le titre de ce chapitre, qu'un grand nombre de voies de communication, rayonnant du point d'intersection à Pagny, vont alimenter la nouvelle ligne. Il n'en est pourtant rien, et tout se borne au voisinage du canal de la Marne au Rhin, lequel étant latéral au chemin de fer pour ainsi dire dans toute sa longueur, procure cet avantage sur un grand nombre de points, et aussi bien à Toul qu'à Pagny.

Mais ce n'est certainement pas d'après le profil en long déposé à l'enquête, et que la Commission avait sous les yeux, qu'elle a dé-duit cette grande différence de niveau. On remarque sur ces pro-fils que la hauteur de la ligne rouge au-dessus du terrain naturel, est au point où se trouve indiqué le pont du canal, de 2^{m}40 sur le tracé par les plateaux, tandis qu'elle serait de 5^{m}63 à Pagny-sur-Meuse. En conséquence, ce fait si important selon la Commission de la Meuse, se retournerait contre elle de toute sa force.

Nous n'attachons d'ailleurs, quant à nous, aucune importance à cette différence, lors même qu'elle existerait dans le sens indiqué, parce que d'un côté comme de l'autre le raccordement serait facile s'il était nécessaire, et que le transbordement en lui-même ne présenterait pas plus d'inconvénients, néanmoins il serait plus avantageux à Toul qu'à Pagny, où la Gare est loin de toute habitation, et où les bras manqueraient nécessairement.

Si des charbons devaient être transbordés du canal de la Marne au Rhin sur le chemin de fer de Chaumont, ce ne pourrait être que ceux de Prusse, mais nous croyons que, quelle que soit leur provenance, ceux qui seront conduits par eau à partir du bassin, ne s'arrêteront ni à Pagny ni à Toul pour être dirigés sur les usines de la Meuse ou de la Haute-Marne, car la question du bon marché des transports est très importante pour l'industrie, et ce serait une mauvaise spéculation que de ne pas profiter, autant que possible, de la voie d'eau qui est bien plus économique et conserve mieux les charbons.

Il n'est pas admissible, en effet, que les houilles du Nord en destination de la Haute-Marne viennent par eau jusqu'à Pagny, pour faire un plus long trajet, et avoir l'occasion de rétrograder en chemin de fer; puisqu'amenées sur la Marne jusqu'au point où les bateaux doivent s'arrêter, elles trouvent un chemin de fer pour les distribuer plus avantageusement dans toute la vallée de la Marne, et mieux à portée des établissements métallurgiques de la Saulx et de la Blaise. Elles peuvent venir par eau de tous les points, par le canal de St-Quentin, par celui des Ardennes, et particulièrement dans les départements de la Meuse et de la Haute-Marne par le canal de la Marne au Rhin et par la Marne canalisée : si elles avaient besoin de continuer en chemin de fer au-delà de St-Dizier, ce serait dans cette dernière ville que s'opérerait le transbordement, puisque par Pagny elles auraient à parcourir en plus, 100 kilomètres de canal et 55 de chemin de fer pour arriver seulement jusqu'à Bologne.

Ces charbons peuvent s'introduire également sur les mêmes points, par les chemins de fer de Laon, Reims, Châlons, Blesmes, St-Dizier, et le chemin de Toul ou Pagny à Chaumont ne peut leur donner aucun avantage, ainsi qu'on le verra dans la suite.

Quant aux usines de la Meuse ou de la vallée de l'Ornain, elles sont merveilleusement situées sur le canal qui s'étend par embranchement jusqu'à Houdelaincourt. Celle de Tusey qui se trouve sur

3.

la Meuse n'en est elle-même qu'à 6 kilomètres. Dans ces conditions, peut-il être avantageux d'opérer un transbordement en chemin de fer de matières qui arrivent presque à destination par la voie d'eau ?

Mettons donc tout d'abord de côté le transbordement des charbons du Nord, soit à Toul, soit à Pagny, parce que une pareille manœuvre serait un contre-sens, et voyons pour la provenance prussienne.

La Marne étant canalisée jusqu'à St-Dizier, il est évident que les houilles qui seront embarquées sur le canal de la Sarre, en destination des vallées de la Marne, de la Blaise, du Rognon jusqu'à Doulaincourt, de la Saulx et de l'Ornain, ne quitteront pas le canal de la Marne au Rhin pour prendre le chemin de fer. Elles le suivront au contraire jusqu'à Vitry, puis remonteront la Marne au moins jusqu'à St-Dizier, de façon à se rapprocher le plus possible par la voie d'eau de leur destination.

D'après son dernier tarif, la Compagnie de l'Est rend les charbons des houillères de Prusse à Paris, à moins de 0,055 par tonne et par kilomètre, y compris les frais de chargement aux houillères, ceux de gare, ceux d'enregistrement et ceux de formalités en douane, tandis que pour Toul le même tarif représente 0,065. On peut donc transporter à raison de 0,055 pour faire une concurrence utile, de même qu'on peut appliquer un tarif plus élevé. Or, la Compagnie du chemin de fer qui aura, dans le canal, une concurrence redoutable, ne favorisera pas le transport des houilles par cette voie jusqu'à Toul, ou à Pagny, en appliquant son tarif réduit seulement sur le petit trajet de Pagny aux usines de Tusey et de la Haute-Marne.

Quoique les expéditions par eau se fassent à très bon marché, elles ne descendent guère, que pour de très grandes distances, au-dessous de 0,02 par tonne et par kilomètre.

On amène la houille de Mons (Belgique) à Frouard, (plus de 500 kilomètres), à raison de 9,50 la tonne, soit un peu moins de 0,02 centimes : de Frouard à Houdelaincourt, on paie 1f70 pour 75 kilomètres, soit 0,025 : de Frouard à Mulhouse, 264 kilomètres, 5f la tonne, soit 0,019 : de Frouard à Châlons, 219 kilomètres, 3f75, soit 0,017. On peut donc compter pour le charbon, environ 0f02 centimes par tonne et par kilomètre.

Supposons que la houille arrive en bateau jusqu'à Toul, et qu'elle doive être conduite par voie de fer jusqu'à Bologne, qui est sur notre chemin la clef des usines de la Haute-Marne,

On aura :

Chargement de bateau et frais de douane, par tonne. . . .   4,50

Transport, de la houillère, à Pagny, 180 kil., à 0,02 . . .   3,60

Transbordement du bateau au chemin de fer   0,50

Frais de manutention.   4,00

Transport de Pagny à Bologne (tarif ordinaire, 91 k., × 0,08)   7,28

Total. 15,68

Déchet : *pour mémoire.* . . . .

Tandis que la Compagnie rend le charbon aujourd'hui par Blesmes à Bologne à raison de 14f09, et que l'application du même tarif à la distance réduite par le nouveau chemin (à 242 kilomètres au lieu de 329), ne sera plus que 11f54, comme pour Blesmes ou Vitry, et sans aucun transbordement.

Voyons quelle est la voie la plus économique pour rendre les houilles prussiennes à Joinville qui est à peu près le centre du groupe métallurgique de la Haute-Marne.

Des houillères à St-Dizier, par eau, 540 kil. × 0,02 . . .   6,80

Frais de chargement et formalités douanières.   1,50

Transbordement et frais de manutention   1,50

Transport de St-Dizier à Joinville, 56 kil. × 0,08   2,88

12,48

Par l'autre voie on a, des houillères à Bologne.   13,68

De Bologne à Joinville, 29 kil. × 0,08.   2,52

16,00

tandis que la station de Joinville est cotée au tarif 12f94, et que la distance étant réduite par le nouveau chemin à 270 kil., elle sera cotée comme St-Dizier 11,74, d'où il suit qu'on aura encore intérêt à suivre la voie d'eau jusqu'à St-Dizier, pour les destinations de la vallée de la Marne, lorsqu'on n'utilisera pas le chemin de fer à partir des houillères.

Si la Compagnie peut transporter à 0f055 par tonne et par kil., comme l'indique son tarif pour Strasbourg et Paris, elle pourrait descendre son prix pour Bologne bien au-dessous de 9f par tonne, ce qui rendrait toute concurrence impossible.

Il n'est donc pas probable qu'il se fasse un transit considérable

entre le canal et le chemin de fer ni à Pagny ni à Toul, à l'occasion
du transport des houilles de Prusse, et dans tous les cas, si la chose
était utile, ce serait sans contredit à Toul qu'il y aurait avantage à
l'établir.

L'usine de Tusey, elle-même, ne se servirait pas de ce moyen,
et si elle faisait venir son charbon par le canal, ce serait à Sauvoy
qu'elle le débarquerait, afin d'éviter un transbordement et les frais
de gare et de manutention qui pèseraient lourdement sur ce petit
trajet.

Il y a là un calcul très simple :

Chargement du bateau et frais de douane . . .	1,50
Transport jusqu'à Sauvoy, 190 $\times$ 0,02	5,80
Déchargement.	0,50
Transport par terre au magasin.	1,60
Total.	7,20

Autrement on aurait :

Chargement du bateau et frais de douane. . . .	1,50
Transport des houilles à Pagny, 180 kil.	5,60
Transbordement.	0,50
Frais de manutention.	1,00
Transport à Vaucouleurs, 11 kil.	0,88
Idem de la gare au magasin.	0,40
Déchet d'un transbordement de plus *(pour mémoire)*	
Total.	7,68

Ce serait encore bien moins praticable pour l'usine d'Abainville
qui ne se trouve qu'à 5 kilomètres du canal de la Marne au Rhin, à
plus forte raison pour celles qui sont situées dans la partie supérieure de la Haute-Marne et au-delà de Chaumont, jusqu'à Châ-
tillon-sur-Seine, parce que plus la distance à parcourir en chemin
de fer reste grande et moins il y a d'avantage à profiter d'une petite
partie de canal ; d'ailleurs, Toul serait encore préférable pour ces
dernières.

Quant aux usines des Vosges, elles sont peu nombreuses dans
cette direction, elles marchent au combustible végétal ou au charbon
prussien, et réclament le tracé par les plateaux qui les rapproche
de la ville la plus importante des environs, ainsi que du bassin
houiller qui doit naturellement les alimenter.

La Commission ajoute :

« Que le tracé par la vallée de la Meuse offre comme prolonge-
» ment direct et rationnel, le chemin de fer de Lérouville à Sedan
» qui, longeant le même cours d'eau, doit réunir dans un avenir
» probablement peu éloigné le bassin houiller belge avec le bassin
» métallurgique de la Meuse et de la Haute-Marne. »

Nous n'avons jamais discuté la possibilité de faire un chemin de
fer de Lérouville à Sedan, et nous ne nions pas son utilité au point
de vue des intérêts de cette partie de la vallée, mais ce que nous lui
dénions, c'est le caractère d'utilité générale que lui attribue la Commission.

Supposons donc que le chemin soit exécuté et voyons quels avantages en pourraient retirer les industries métallurgiques de la Haute-
Marne et de la Meuse.

Nous avons dit que les houilles du nord arrivaient à très bon
compte dans la Haute-Marne et dans la Meuse, de l'ouest du bassin
par les canaux de St-Quentin et de la Marne au Rhin, et de l'est par
la Meuse et le canal des Ardennes, le canal latéral de la Marne et
celui de la Marne au Rhin. Elles peuvent également y être amenées
par un système complet de lignes ferrées.

Pour que la Haute-Marne ait un intérêt au chemin de Lérouville
à Sedan il faudrait qu'il raccourcit le trajet, autrement elle ne peut
en retirer aucun avantage, et il est évident que si Bologne (premier
point de raccordement), n'est pas plus rapproché des houillères, ou
de Mohon, près Mézières, (second point de raccordement), par le
chemin réclamé qu'il ne l'est aujourd'hui, les pays situés au-delà
n'y ont également aucun intérêt.

La distance de Mohon à Bologne est ainsi indiquée :

Mohon à Reims	85 kilomètres.
Reims à Mourmelon	50
Mourmelon à Châlons. . . .	26
Châlons à Blesmes	45
Blesmes à Bologne.	75
Total . . .	261 kilomètres.

Les chemins de fer sont assujettis à des conditions de pentes et de
courbes beaucoup plus sévères que les routes et par conséquent à
des développements plus considérables ; lorsqu'on suit des vallées
ces conséquences se font d'autant plus sentir qu'on est souvent arrêté

par des sinuosités brusques et par les collines qui aboutissent à la vallée principale. La Meuse n'est pas exempte de ces inconvénients, et la route de Verdun à Stenay, particulièrement, est assez accidentée pour qu'on puisse conclure que le chemin à construire sera nécessairement beaucoup plus long que la route.

Si le tronçon de Lérouville à Sedan devait augmenter dans la proportion de celui de Neufchâteau à Commercy, cela produirait un allongement considérable.

Par le tracé actuel on a :

Neufchâteau à Pagny. . . . . 44 kilom. 5 } 57,5
Pagny à Commercy . . . . . 15 —

Et par la route :

De Neufchâteau à Vaucouleurs. 52 kilom. } 51
De Vaucouleurs à Commercy. . 19 —

Différence . . . . 6 kil. 1/2.

Or, on a :

De Mohon à Sedan. . . . . . . 19 kil. (chemin de fer).

De Sedan à Stenay. . . . . . 54 kil.
De Stenay à Verdun . . . . . 47 — } 154 (par terre).
De Verdun à St-Mihiel . . . . 54 —
De St-Mihiel à Commercy. . . 19 —

De Commercy à Pagny . . . . 15 kil. (chemin de fer).
De la gare actuelle à la nouvelle. 1,5
De Pagny (gare nouv.) à Bologne. 94,5

Total. . . . 259 kilom.

En ajoutant l'augmentation de tracé sur les 154 kilomètres de route, calculée proportionnellement à celle qui existe dans la partie supérieure, soit plus de 15 kilomètres, on aura 274 kilom. au lieu de 261.

Ce chemin ne produirait donc aucun avantage à la Haute-Marne ni à la Meuse, au point de vue indiqué par la délibération, et n'aurait qu'un intérêt local renfermé entre Bologne et Mohon, ou si l'on veut entre Chaumont et Sedan. Le trafic de ces contrées est-il assez considérable pour nécessiter deux chemins de fer en concurrence ; et les actionnaires de la Compagnie de l'Est verraient-ils avec beaucoup de satisfaction leurs capitaux, déjà peu productifs, engagés dans une telle entreprise ?

Si tant est que ce chemin de Lérouville à Sedan doive se faire, qu'on lui donne un prolongement utile en le dirigeant précisément sur le foyer des industries métallurgiques de la Haute-Marne, nous voulons parler de celui de Nançois-le-Petit à Vassy, par Chevillon, qui est réclamé par un grand nombre d'industriels, et dont l'administration parait se préoccuper, ainsi qu'il résulte des comptes rendus du Conseil général de la Meuse.

On a en effet, d'une part :

Lérouville à Pagny (gare nouvelle) . .	20 kil. 1/2
Pagny à Bologne.	91 — 1/2
	112 kil.

Lérouville à Nançois-le-Petit.	23 kil.
Nançois-le-Petit à Chevillon	30
Chevillon à Bologne	59
	92

20 kilomètres en faveur du tracé par Nançois-le-Petit : encore serait-il préférable que le prolongement de Nançois-le-Petit eut lieu par la vallée de l'Aisne : ce serait alors une ligne plus directe du midi sur Anvers et la Belgique.

Avec le chemin de Vassy, l'usine d'Abainville se trouverait desservie aussi avantageusement, puisqu'elle aurait à peu près la même distance et qu'elle jouirait de l'avantage du canal qui lui apporterait ses approvisionnements à partir de Ligny. Il donnerait en même temps satisfaction à cette dernière localité actuellement un peu isolée, ainsi qu'à de grands intérêts métallurgiques.

En résumé, et au point de vue de la jonction avec les autres voies de communication, lorsqu'on examine la situation des deux localités qui se disputent le raccordement, qu'on voit d'un côté l'isolement de l'intersection à Pagny, d'autre part les nombreuses voies de communication qui rayonnent de Toul vers toutes les villes voisines ou éloignées, l'importance du port du canal, non seulement à cause du commerce de la ville mais par la navigation de la Haute-Moselle, il est difficile de concevoir comment on a pu émettre l'avis que Pagny était préférable : il est évident que Toul l'emporte de beaucoup.

III. Au point de vue stratégique.

« Considérant que si le tracé par les plateaux relie plus directe-
» ment Chaumont et Neufchâteau à Toul, il est vrai de dire qu'en
» raison des pentes, les transports y seraient plus longs et plus
» difficiles. »

« Que le tracé par la vallée reliera plus directement ces deux
» villes aux places fortes de Verdun, Montmédy, Sedan et Mé-
» zières. »

« Que d'ailleurs la Commission ne saurait motiver plus longue-
» ment son avis qui est entièrement du ressort d'Ingénieurs spé-
» ciaux. »

En ce qui concerne les difficultés des transports pour les pentes
et rampes, nous n'y reviendrons pas, nous avons surabondamment
démontré que ces difficultés n'existaient pas.

Nous reconnaîtrons bien aussi, comme nous l'avons déjà fait,
notre incompétence sur la science stratégique, nous en rapportant
volontiers aux hommes spéciaux. Mais si la stratégie a des règles
fixes, il paraît qu'elle laisse aussi beaucoup à l'appréciation, car le
cas qui nous divise avait été traité et résolu en faveur des plateaux,
par un grand nombre d'hommes spéciaux, jugés jusque-là très ex-
perts en cette matière. Mais il paraît qu'il s'est produit un nouvel
avis qui a séduit la Commission mixte.

Nous avouons très humblement que nous ne pouvons nous rendre
compte de cette préférence, pas plus que nous n'avons compris
celle du Conseil des ponts-et-chaussées ; nous n'en accusons, du
reste, que notre ignorance.

Néanmoins nous croyons pouvoir, sans trop nous avancer, par-
tager l'avis d'un professeur de stratégie : à savoir qu'un chemin de
fer placé dans une vallée étroite n'a aucune qualité stratégique,
puisque les convois peuvent être atteints par les feux des hauteurs
qui le dominent : celui qui nous occupe ne pourrait même pas être
défendu par la Meuse, lors même que cette rivière offrirait quelque
obstacle à la marche de l'ennemi, placé qu'il est tantôt d'un côté,
tantôt de l'autre du cours d'eau. Tandis que les plateaux étant légè-
rement inclinés, à partir des hauteurs qui bordent la Moselle, vers
les coteaux vignobles du Toulois, au pied desquels se trouve le tracé,
celui-ci n'est dominé par aucun point du côté d'où viendrait l'at-
taque.

Le chemin direct serait au contraire protégé par les hauteurs éminemment défensives des plateaux supérieurs, dont l'envahissement par l'ennemi rendrait d'ailleurs, selon nous, sans objet la voie ferrée qui serait établie dans la vallée de la Meuse.

Le tracé que nous défendons ne relie pas seulement, comme le porte la délibération, Chaumont et Neufchâteau à Toul, il réunit plus directement Langres à Metz, et aussi bien cette première ville à Verdun, Montmédy, etc.

Quoique placé sur la Moselle, Toul ne s'en trouve pas moins, à cause du coude brusque que fait cette rivière vers l'ouest, à partir de Frouard, sur l'axe d'une ligne qui partagerait également la surface comprise entre cette vallée et celle de la Meuse, de sorte qu'il commande à la fois les deux cours d'eau ainsi que le plateau de la Woëvre.

On ne pourrait, en abrégeant la route de Langres à Verdun, que nuire à la réunion de Langres à Metz, tandis qu'en aboutissant à Toul on dessert également bien les deux directions : en effet, la station de Toul partage en deux parties à peu près égales la distance qui sépare Frouard (embranchement de Metz), de Lérouville (embranchement possible de Verdun).

Le chemin de Lérouville à Verdun n'est pas fait, il n'est même pas compris dans les concessions nouvelles qui viennent d'être données à la compagnie de l'Est, et celle-ci, qui ne se pressera peut-être pas pour exécuter les lignes qui lui sont concédées, se gardera bien d'en réclamer de nouvelles : il est donc à craindre que ce travail reste encore pendant longtemps à l'état de projet. Nous avons déjà démontré d'ailleurs que le tronçon de Chevillon à Nançois-le-Petit mettrait bien plus directement en communication, Langres et Verdun, il satisferait mieux aussi aux intérêts de la défense du pays.

Dans tous les cas, réunir directement les places entre elles afin d'activer les rapports et les communications, nous parait être un point capital en stratégie, surtout lorsque ces places sont déjà desservies par d'autres lignes moins directes qui permettent à la défense toutes manœuvres et mouvements dérobés ; le tracé des plateaux remplit incontestablement mieux que l'autre ces conditions.

4.

4° Au point de vue agricole.

« Considérant que le tracé par les plateaux ne desservirait que
» deux cantons, ceux de Toul (sud) et Colombey, tandis que celui
» par la vallée de la Meuse vivifiera trois cantons, ceux de Vaucou-
» leurs, Gondrecourt et Void, ce qui lui assure, d'après les calculs
» basés sur la Statistique publiée en 1860, par les soins du Ministère
» de l'agriculture, du commerce et des travaux publics, un ton-
» nage d'environ 50,000 tonnes, supérieur à celui de son rival,
» ainsi qu'il résulte du tableau annexé à la présente délibération. »

Dans notre précédente Notice nous avons établi, d'une manière
irréfutable, que le tracé par les plateaux desservait des pays plus
riches, plus productifs et plus populeux que celui de la vallée
de la Meuse, et cela n'a pas été contesté parce que le fait est incontestable, excepté pourtant pour M. Millon, qui persiste à voir dans
les plateaux des pays stériles.

Nous avons établi notre preuve au moyen du revenu net appliqué
à une zône de 10 kilomètres de chaque côté des deux lignes (ce
qui nous a paru être le moyen le plus exact), et nous avons, par
des chiffres officiels, démontré que le tracé des plateaux présentait
comme richesse territoriale un revenu net de 1028 fr., et comme
population, 25 habitants par kilomètre carré, de plus que celui de
la vallée.

On n'a pas trouvé cette preuve avantageuse, et on dit que le tracé
par les plateaux ne dessert que deux cantons, tandis que celui de la
vallée en vivifie trois.

Avant de réfuter ces arguments, nous devons d'abord répondre
à une observation qui nous a été faite pendant l'enquête, touchant
notre zône de 10 kilomètres ; l'un de MM. les Ingénieurs a émis
l'avis qu'une distance de 5 kilomètres de chaque côté de l'axe paraissait suffisante.

Nous croyons que les chemins de fer profitent à de bien plus
grandes distances, et si le rayon d'une station doit être réduit suivant le sens de la ligne dans l'intérêt des pays immédiatement voisins, à 10 kilomètres perpendiculairement à l'axe on est encore dans
le vif de la zône utile.

Nous répondons néanmoins à l'observation qui nous a été faite en
donnant dans le tableau suivant le résultat comparatif des deux
zônes de 5 kilomètres, déduction faite des territoires communs
aux deux tracés.

VALLÉE DE LA MEUSE.   **PLATEAUX.**

COMMUNES.	SURFACE totale.	REVENU net.	POPULATION recensement de 1861.	COMMUNES.	SURFACE totale	REVENU net.	POPULA-TION.
	hectares	francs.			hectares	francs	
Séraumond......	1,015	29,356	174	Saulxures-les-Van-			
Uruffe.........	1,283	34,023	870	nes.........	1,782	68,454	812
Gibeaumeix.....	768	22,286	350	Colombey.......	1,733	74,679	983
Lay-Saint-Remy..	372	21,537	392	Martigny.......	868	27,500	396
Laneuveville - der-				Puncrot........	1,342	77,546	458
rière-Foug. ...	109	9,014	373	Autreville.......	1,068	50,713	367
Trondes.......	1,207	58,723	764	Graux.........	294	7,775	54
Les Roises......	713	16,872	297	Harmonville.....	1,442	59,384	410
Goussaincourt...	1,018	43,475	385	Barisey-au-Plain..	1,054	41,594	449
Sauvigny.......	1,718	80,772	658	Housselmont	138	7,006	44
Burey-la-Côte....	421	47,962	287	Allamps........	566	24,855	504
Montbras.......	529	25,082	82	Barizey-la-Côte...	377	20,336	262
Taillancourt.....	1,096	58,829	374	Allain-aux-Bœufs.	1,623	44,585	543
Épiez..........	813	20,254	244	Bagneux........	847	30,767	286
Maxey-sur-Vaise..	1,065	50,512	556	Bulligny........	1,049	64,565	762
Pagny-la-blanche-				Crésilles........	934	25,628	357
Côte..........	1,293	53,764	608	Blénod.........	2,295	105,926	1,386
Champougny	568	27,874	230	Montrot	708	19,458	217
Sepvigny	613	26,805	326	Mont-le-Vignoble.	397	35,400	425
Burey-en-vaux...	636	25,230	444	Gye	630	23,816	252
Montigny	1,166	32,414	383	Charmes-la-Côte..	608	39,652	543
Neuville........	822	36,119	421	Biequeley.......	1,643	37,933	671
Chalaines	913	29,454	545	Domgermain	1,287	83,892	1,143
Vaucouleurs.....	3,823	247,355	2720	Chaudeney......	646	44,668	433
Rigny-St-Martin..	1,465	30,255	453	Cho'oy.........	1,000	54,666	418
Rigny-la-Salle....	1,090	51,849	694	Ménilot........	24	6,438	306
Ugny..........	410	29,844	365	Toul..........	2,479	576,846	7,687
St-Germain......	752	24,767	436	Dommartin.....	638	59,948	566
Ourches.......	1,002	58,526	540	Écrouves.......	1,002	81,534	645
Pagny-sur-Meuse.	1,834	76,398	787	Pagney-dre-Barine.	602	52,463	518
Troussey	1,675	75,131	675	Bruley.........	612	45,925	544
	29,804	1,264,459	15,127		29,655	1,890,346	22,438

Par kilomètre carré.. . . . . .   4,270f   51h40   6,374f   75h68

On voit par ce tableau que la différence est de 2,104 fr. de revenu, et de plus de 24 habitants par kilomètre carré, toujours en faveur du tracé par les plateaux.

Revenons maintenant à la délibération.

La surface totale des cantons de Toul-sud et Colombey, est de 48,303 hect. 89, tandis que celle des trois cantons de Void, Vaucouleurs et Gondrecourt, est de 85,352 hect. 45; qu'on jette les yeux sur la carte et qu'on explique si l'on peut, pourquoi le chemin par la vallée de la Meuse desservirait une surface double que s'il était établi sur les plateaux *(voir la petite carte)*. Cette manière de raisonner n'est-elle pas plutôt le triomphe de celui que nous défendons, puisqu'il faut à l'autre une surface presque double pour donner les mêmes produits.

Le canton de Void est à peine touché par le tracé de la vallée de la Meuse et celui de Gondrecourt n'en approche pas. Nous pourrions donc dire, avec autant de raison, que le tracé par la vallée ne dessert que le canton de Vaucouleurs. Pourquoi n'avoir pas compté aussi le canton de Toul-nord dans le tracé par les plateaux, puisqu'il est atteint par les territoires d'Écrouves et de Toul, comme celui de Void l'est par ceux d'Ourches et de Pagny-sur-Meuse ?

Quoi, les communes de Morlaincourt, Oey, Vaux - la - Grande, Vaux-la-Petite, Chenevières, Tréveray, St-Joire, Bonnet, Touraille, Luméville, Chassey, qui sont situées au-delà de 20 kilomètres du tracé de la vallée, lui apporteront leur tribut, et la moitié de Toul, Écrouves, Dommartin, etc..., ne donneront rien à celui des plateaux ? Quelle raison à donner pour qu'ils ne desservent pas une zône égale ? Est-ce que les démarcations administratives seraient des barrières pour l'exploitation des chemins de fer ? Cet argument n'est vraiment pas sérieux, et aurait à peine besoin de réfutation.

Le tableau qui contient les calculs de nos adversaires n'a pas été publié, mais nous en avons vu une minute que nous avons tout lieu de croire conforme, puisqu'elle répond au chiffre indiqué. Nous la reproduisons ci-dessous.

CANTONS.	NOMBRE D'HECTARES ENSEMENCÉS,					PRAIRIES natu- relles et artifi- cielles.	ANIMAUX domesti- ques.	BOIS.	
	froment.	orge	avoine.	pommes de terre.	graines oléagi- neuses.				
Vaucouleurs, Void et Gondrecourt.	13,308	3,825	10,227	2,233	3,146	8,648	51,489	23,459	La Statistique des trois cantons de la Meuse est basée sur les états donnés par les Maires en 1861.
Toul (sud) et Colombey.	7,844	668	6,112	1,542	263	6,959	27,796	15,040	Celle des deux cantons de l'arrondissement de Toul est extraite de la Statistique agricole publiée par le ministère de l'agriculture en 1860, où on trouve le détail complet de l'arrondissement de Toul, et on a appliqué les 2/5 aux 2 cantons.
Différence.	5,464	3,157	4,115	791	2,883	1,687	23,693	8,419	

DÉSIGNATION DES PRODUITS.	NOMBRE D'HECTARES.	PRODUIT par hectare.	PRODUIT TOTAL.	POIDS de l'hecto-litre.	QUANTITÉ DE QUINTAUX MÉTRIQUES.
		hectol. res.	hectolitres.		
Froment.........	5,464	11 52	62,945 28	73 17	46,057 06
Orge...........	3,157	14 87	46,944 59	60 15	28,237 17
Avoine.........	4,115	15 48	63,700 20	40 43	25,753 99
Pommes de terre....	794	54 79	43,338 89		30,000 00
Graines oléagineuses.	2,883	7 45	3,064		616 31 huile
Prairies naturelles et artificielles.......	1,687	27			45,549
Bétail..........	23,693 têtes				10,000
Bois...........	8,419		33,201 st.		100,000
				Total. ou	286,213 53 28,621 tonnes (en nombre rond 30,000)

. Personne n'est plus que nous, heureux de puiser dans les statistiques ou dans les documents officiels, des renseignements propres à éclairer les questions que nous avons à traiter. Mais on n'ignore pas combien la statistique agricole laisse à désirer sous le rapport de l'exactitude, surtout pour le résultat des premières années. Beaucoup de maires craignant que les renseignements demandés n'aient pour but de répartir les contributions, atténuaient la production ; aujourd'hui cela se fait mieux ; son Excellence, M. le Ministre de l'Agriculture constate dans sa dernière circulaire, en signalant ce fait, un grand progrès, et il faut espérer que ce travail si utile atteindra toute la perfection désirable.

Lorsqu'il s'agit de comparer la production d'un assez grand nombre de territoires immédiatement voisins, on peut dire en général que le même esprit a servi de règle, mais si cet esprit a été modifié par le temps, on doit prendre pour termes de comparaison, les mêmes époques.

Or, les documents publiés par l'administration en 1860, donnent les résumés statistiques de l'année 1852, qui étaient atténués par les raisons que nous avons données plus haut, et si on les adopte pour les cantons de Toul-sud et Colombey, on ne doit pas leur com-

parer les résultats de l'année 1861, pour les cantons de Gondrecourt, Vaucouleurs et Void. Nous remarquons en outre sur ce tableau, l'absence de la vigne qui est la principale culture du pays
Toulois.

Si on prend une surface double pour la Meuse , une base moins
favorable pour le Toulois, et qu'on oublie encore son plus important
revenu, il n'est pas étonnant qu'on présente une plus grande somme
de produits chez nos voisins. On pouvait aller bien au-delà.

Non, personne ne croira que parce que le chemin de fer passera
par la vallée de la Meuse, il profitera à une zône double que celle
qu'il aurait desservie par les plateaux : c'est là un raisonnement
qui prouve mieux que tous les calculs, l'infériorité relative de cette
contrée si flattée à laquelle, suivant nos adversaires, la France entière attend, avec impatience, d'être reliée pour profiter de ses
richesses.

Il ne s'agit pas seulement de savoir ce qu'un pays récolte, mais
il faut voir aussi ce qu'il consomme. Les chemins de fer profitent
autant en important ce qui manque qu'en exportant le trop plein,
et lors même que les trois cantons de la Meuse produiraient réellement 50,000 tonnes de plus que les deux cantons de Colombey et
Toul sud, ce que nous contestons, cet excédant ne serait pas pour
cela assuré au chemin de fer, s'il est nécessaire à l'alimentation
locale.

Comparons des choses assimilables, et puisque nous sommes
conduits à la Statistique publiée par l'administration en 1860, qui
montre les résultats par arrondissement, voyons ce que nous fournit
ce livre en ce qui concerne les deux contrées qui se disputent le
chemin de fer.

ARRONDISSEMENT DE TOUL.

Superficie : 1,188 kilomètres carrés. — Population : 61,089 habitants, soit 51 habitants 45 par kilomètre carré.

ARRONDISSEMENT DE COMMERCY.

Superficie : 1,968 kilomètres carrés. — Population : 84,316 habitants, soit 41 habitants 32 par kilomètre carré.

NATURE des PRODUITS.	SURFACE CULTIVÉE.	UNITÉ de MESURES.	PRODUIT année MOYENNE.	CONSOMMATION ANNUELLE.	DIFFÉRENCE.	POIDS de L'UNITÉ.	POIDS A IMPORTER OU A EXPORTER.	SURFACE CULTIVÉE.	PRODUIT année MOYENNE.	CONSOMMATION ANNUELLE.	DIFFÉRENCE.	POIDS de L'UNITÉ.	POIDS total A IMPORTER OU A EXPORTER.	OBSERVATIONS.
Froment	19,013 h	hectolitre.	262,459	234,454	28,005	72 40	q. m. 20,275	31,722	358,415	310,516	47,889	73 17	q. m. 35,040	Les céréales rendent, dans l'arrondissement de Toul, 13 h, 14 h. par hectare cultivé, et dans l'arrondissement de Commercy 13 h. seulement.
Méteil et seigle..........	216	Id.	2,385	2,487	0,098	74	72	1,208	19,264	42,097	47,167	72	12,360	
Orge	1,669	Id.	23,169	19,094	4,075	58 26	2,374	5,208	76,304	46,085	30,219	60 45	18,177	
Avoine	15,280	Id.	260,214	205,202	64,012	38	24,325	26,313	417,880	291,750	126,130	40 43	50,994	
Sarrasin...............	43	Id.	340	199	150	39	94	18	284	284	»	59	»	
Paille.................	»	quint. m.	529,076	526,087	3,089	»	3,089	»	783,300	724,033	59,267	»	59,267	Arrondissement de Toul, 13 q. 13 par hectare et Commercy 13 q.
Foin naturel	7,300	Id.	216,813	134,120	82,693	»	82,693	14,540	438,880	401,575	37,305	»	37,306	Id. 28 59 Id. 27
Foin artificiel	4,636	Id.	122,092	118,504	3,588	»	3,588	6,746	145,449	179,884	65,568	»	65,568	Id. 41 85 Id. 38
Vin	5,532	hectolitre.	231,499	171,950	59,549	110	65,504	3,264	127,420	77,954	49,466	110	54,077	
Pommes de terre.......	3,855	quint. m.	199,995 / 300,722	semence 43,339 / habitants 21,381 / bétail 18,923 / industries locales 24,145 = 206,788	93,934	70 / 70	93,934	4,992 310,156 / 77,263 = 387,419	semence 57,378 / habitants 28,460 / bétail 224,331 / industries locales 40,000 = 387,419		317,169	70 / 70	46,250	1° La statistique ne donne pas la consommation des pommes de terre ni autres racines, à l'exception de celle de la semence est indiqué, pour l'arrondissement de Toul, à 13.60 par hectare, et à Commercy, de 16.45. Nous avons évalué la consommation à compte de 7 hectol. par habitant, 6 hectolitres par tête de gros bétail, chevaux non compris; 8 hectolitres par tête par les porcs et un hectolitre pour les moutons. La portion réservée à l'industrie a été établie proportionnellement à la superficie des deux arrondissements.
Graines oléagineuses......	263	hectolitre.	2,503 / semence 25 / 2,478 / 2,469 convertis en huile 540			65 / 110	exp. 270 / 181	3,146	25,310 / semence 307 / 25,003 / 17,596 convertis en huile 4,976		exp. 2,032 / 1,723	65 / 110	4,814 / 4,805	2° La consommation de l'huile a été calculée à raison de 4 litres par habitant, tant pour la nourriture que pour l'éclairage.
Bois..................	32,366			2,144	1,904	110	2,094	37,124			3,353	110	4,805	On suppose les forêts aménagées en moyenne à 30 ans, et la production annuelle du 30° à 500 quintaux métriques par hectare.
Dont le trentième	1,079	quint. m.	539,560 habitants 293,327 / industrie locale 90,040 = 383,367	456,243			156,243	1,237	648,300 habitants 390,316 / industrie 150,000 = 540,316	77,984			77,914 / 457,733	La consommation a été évaluée à 480 kil. par habitant. La consommation industrielle est établie pour les deux arrondissements proportionnellement à leur superficie.
				Total... q. m. 454,466										
				par kilomètre carré 382 q. m.						par kilomètre carré 232 q. m.			

Différence en faveur de l'arrondissement de Toul 156 q. m. par kilomètre carré.

La Statistique publiée en 1860 par l'administration de l'agriculture, permet de comparer les produits et la consommation des divers arrondissements de Sous-Préfecture dans leurs rapports avec leur population et leur superficie : or, elle constate sous tous les rapports l'infériorité relative de l'arrondissement de Commercy. On trouve que dans l'arrondissement de Toul, le rendement des céréales a été de 15 hectolitres 14 à l'hectare, tandis qu'il n'est que de 15 hectolitres 52 dans l'arrondissement de Commercy; celui de la paille est dans la même proportion. Le produit des prairies naturelles et artificielles a été de 28 quintaux 59 par hectare dans l'arrondissement de Toul, tandis qu'il n'est que de 27,43 dans celui de Commercy.

L'hectare de vigne a donné 41 h. 85 dans la Meurthe, et 38,95 dans la Meuse.

L'hectare de graines oléagineuses a fourni à Toul 9 hectolitres 54, et à Commercy 8,06. Il n'y a que sur les pommes de terre et racines, que l'arrondissement de Commercy trouve grâce.

En somme, il résulte du tableau qui précède une différence en faveur des plateaux de 150 quint. métr. par kilomètre carré.

Quant à la population, l'arrondissement de Toul compte plus de 10 habitants par kilomètre carré, de plus que son voisin.

Voyons pour le bétail :

L'arrondissement de Toul a, en terres labourables, 58,526 hectares, et il possède :

Chevaux 11,439
Bœufs, vaches, non compris les veaux nés dans l'année. 9,835
On compte en agriculture le menu bétail pour 1/10 du gros.

25,175

L'arrondissemᵗ de Toul a . . {Bêtes à laine 19,847 / Boucs et chèvres. . . . 01,224 / Porcs. . . . 17,964} 59,055 ou 5,905

Soit par hectare cultivé 0,43.

L'arrondissement de Commercy, qui a en terres labourables 105,792 hectares, possède :

Chevaux 16,594
Bœufs, vaches, non compris les veaux nés dans l'année. 19,591

43,523

Menu bétail . . {Bêtes à laine 40,501 / Boucs et chèvres. . . . 1,595 / Porcs . . . 31,589} 73,485 ou 7,548

Soit par hectare cultivé 0,42.

L'agriculture exigerait une tête de gros bétail par hectare cultivé, d'où il suit qu'il y a pénurie dans les deux pays, sous ce rapport.

Il a été fourni à la boucherie, savoir :

Arrondissement de Toul :		*Arrondissement de Commercy :*	
Bœufs. . .	1,155	Bœufs. . . .	604
Vaches. . .	1,117	Vaches. . . .	2,956
Veaux. . .	6,816	Veaux. . . .	9,297

On a consommé :

Arrondissement de Toul :		*Arrondissement de Commercy :*	
Bœuf. . .	754,000 kil.	Bœuf. . . .	642,078 kil.
Veau . . .	235,900	Veau	267,692
Mouton. .	233,467	Mouton.. . .	279,643
Porc . . .	990,350	Porc	1,758,841

Le poids moyen d'un bœuf gras abattu, ou les 4 quartiers, est dans l'arrond¹ de Toul de 345 k. et dans l'arrond¹ de Commercy 331 k.

celui d'une vache	155	»	164
d'un veau	33	»	30
d'un mouton	15	»	15
d'un porc	59	»	65

Or, si on applique ces divers poids à chaque nature de viande consommée, on aura :

Arrondissement de Toul.

$$1,155 \text{ bœufs} \times 345^k = 390,885^k$$
$$1,117 \text{ vaches} \times 155^k = 170,904^k \Big\} \ 249,61 \text{ poids moyen.}$$

Totaux. 2,250	498^k	561,786^k

A retrancher de la consommation. . . . . 754,000^k

Reste à l'importation. . . 192,214 = 772 têtes de gros bétail.

$$6,816 \text{ } veaux \times 33 = 224,928$$

A retrancher de. . . . . 235,900 consommé.

Reste à l'importation. . . 10,972 = 331 têtes.

Arrondissement de Commercy.

$$604 \text{ bœufs } \times 551^k = 197,924^k \atop 2,936 \text{ vaches } \times 164 = 481,504 \Big\} \ 191^k \text{ poids moyen.}$$

$$\underline{3,540} \qquad \underline{679,428}$$

A retrancher de. . . . . . 642,078 consommé.

A exporter. . . . . 57,350 = 190 têtes.

Veaux : . . 9,297 × 50 = 278,910

267,692 consommé.

A exporter. . . . . 11,218 = 574 têtes.

Quant aux moutons, le poids moyen étant 15 kil., la consommation représente pour l'arrondissement de Toul, 15,563 têtes, et pour l'arrondissement de Commercy 18,645.

Les naissances de l'année sont destinées à remplir les vides causés par les maladies, accidents, etc..., et par la boucherie. Or, le troupeau, non compris les agneaux nés dans l'année, est pour l'arrondissement de Toul, 19,847, et le nombre des agneaux de 9,009. — A Commercy le troupeau est de 40,608, et le nombre des agneaux de 15,662.

Les pertes causées par les maladies étant pour l'arrondissement de Toul 1,999, pour celui de Commercy, 5,446. On aura :

		Maladie.	Boucherie.
Toul	9,009 —	1999. =	7,010
A retrancher de la consommation. .			15,563
	A importer.		8,555 8,555 têtes.

		Maladie.	Boucherie.
Commercy . .	15,662 —	5,446 =	12,516
	A retrancher de. .		18,645
	A importer. . .		6,127 6,127 têtes.

Porc consommé.

Arrondissement de Toul.   *Arrondissement de Commercy.*

$$\frac{990,550 \text{ kil.}}{59 \text{ poids moyen.}} = 16,783 \text{ têtes ;}$$

$$\frac{1,758,841}{65 \text{ poids moyen.}} = 27,059 \text{ têtes.}$$

Le troupeau se compose dans l'arrondissement de Toul de 17,964 pièces, dont 1,652 au-dessus d'un an. — Celui de l'arrondissement de Commercy est de 31,589, dont 2,198 au-dessus d'un an. — On peut retrancher un huitième pour la reproduction et la mortalité, le reste doit être livré à la boucherie. On aura ainsi :

5

Arrondissement de Toul.

$$17,964 - 1/8 = 15,719$$
A retrancher de   16,785
                   ————
A importer . .   1,066   1,066 têtes.

Arrondissement de Commercy.

$$54,589 - 1/8 = 27,644$$
A retrancher de   27,059
                  ————
A exporter   582 — 582 têtes.

Le bétail ne payant pas au poids sur les chemins de fer, c'est par tête qu'il doit être compté. Il reste ainsi en dehors de la production locale à importer ou à exporter :

Arrondissement de Toul.

Gros bétail.	772 têtes.
Veaux et porcs classés ensemble. .	1,597
Moutons.	8,355
	10,724 9,05 par kil. carré.

Arrondissement de Commercy.

Gros bétail.	190 têtes.
Veaux et porcs classés ensemble. .	926
Moutons.	6,127
	7,245 5,68 par kil. carré.

DÉTAIL DE LA CONSOMMATION.

	Total par arrondissement.		Par habitant.	
	Toul.	Commercy.	Toul.	Commercy.
Bœuf	754,000 kil.	642,078	12 .il. 54	7 kil. 88
Veau	255,900	267,692	5 86	5 29
Mouton	253,467	279,645	3 79	5 45
Porc	990,350	1,758,844	16 21	21 62
Blé	234,554 hectol.	540,556 hectol.	3 hect. 82	5 hect. 85
Vin	171,950 hectol.	77,954 hectol.	2 litres 84	0 litres 96

N'y a-t-il pas dans cette consommation de la viande, une marque de la richesse relative des deux contrées, qui annonce chez l'habitant du Toulois une vie plus abondante et des besoins moins restreints aux productions locales, indiquant qu'il doit s'y faire aussi une plus grande importation de produits exotiques. Des deux côtés, la consommation est égale à 56 kilog. 1/4 de viande par habitant, mais dans l'arrondissement de Commercy on mange beaucoup plus de porc et dans celui de Toul plus de bœuf. La consommation du vin est encore plus concluante.

Pour épuiser les renseignements fournis par la Statistique publiée par l'administration, nous allons donner, d'après ce livre, la valeur totale des produits agricoles des deux contrées.

Arrondissement de Toul.

Céréales et paille	6,649,503 fr.
Pommes de terres et racines.	994,852
Légumes secs.	45,816
Graines oléag., chanvre et lin.	502,022
Houblon et jardinage. . . .	505,840
Fourrages et pâturages. . .	1,415,921
Vigne.	5,851,168
Arbres divers	51,002

TOTAL. . . 15,546,124 : par kil. carré 11,402 f.

Arrondissement de Commercy.

Céréales et paille	10,557,540 fr.
Pommes de terres et racines.	1,268,015
Légumes secs	65,480
Graines oléag., chanvre et lin	622,216
Houblon et jardinage . . .	540,276
Fourrages et pâturages . .	2,791,728
Vigne	1,782,965
Arbres divers	28,171

TOTAL. . . . 17,256,161 : par kil. carré 8,758 f.

On doit ajouter, à cette production du sol, celle des forêts, qui n'y est pas comprise, et dont la superficie est, dans l'arrondissement de Toul, 27 hectares 25 par kil. carré, et seulement 19 hectares dans l'arrondissement de Commercy. Soit encore en faveur du Toulois le revenu de 8 h. 25.

Valeur des produits industriels dérivés immédiatement de l'agriculture dans les deux départements de la Meurthe et de la Meuse.

Meurthe, 2,421,188, par kil. 401 f.
Meuse, 2,577,124, par kil. 584 f.

Valeur totale des produits agricoles :

Meurthe, 75,566,928, par kil. 12,556 f.
Meuse, 64,054,557, par kil. 9,795 f.

La Statistique publiée par l'administration en 1860, parle, selon nous, assez clairement en faveur du tracé de la Meurthe.

Maintenant, comparons les deux contrées avec les documents recueillis dans les cantons mêmes, et d'après les bases prises aux mêmes époques.

Nous avons, dans ce but, réuni les relevés statistiques des années 1856, 1857, 1858, 1859 et 1860, dont nous donnons la moyenne dans le tableau suivant :

CANTONS DE TOUL SUD ET COLOMBEY.

Superficie : 48,406 h. — 484 kil. carrés. Population : 27,912, soit 57 habitants 70 par kil. carré.

NATURE DES PRODUITS.	SURFACES CULTIVÉES.	PRODUIT MOYEN d'une année	UNITÉ de mesure.	PRODUIT		POIDS de l'unité.	POIDS TOTAL par kilomètre carré.
				par hectare cultivé.	par kilomètre carré.		
	hectare.	hectolitre.					
Froment..........	7,313	110,671	hectol.	15,13	228,65	72,80	166,45
Seigle...........	233	3,408	Id.	14,62	7,04	73	5,14
Orge	1,320	19,763	Id.	14,97	40,83	59,24	24,18
Avoine..........	5,784	105,360	Id.	18,21	217,68	40	87,07
Pommes de terre....	1,543	164,205	Id.	106,42	339,24	75	254,43
Légumes secs.......	228	2,813	Id.	12,30	5,81	80	4,65
Graines oléagineuses.	272	2,809	Id.	10,32	5,80	70	4,06
Vins.............	2,719	155,002	Id.	57.00	320,25	110	352,25
	19,412	564,031					
Plantes textiles......	113	254	q. m.	2,24	0,52	»	0,52
Betteraves	73	15,171	q. m.	207,82	31,34	»	31,34
Foin naturel.......	3,087	85,222	q. m.	27,60	176,07	»	176,07
Foin artificiel.......	1,306	31,540	q. m.	24,15	65,16	»	65,16
Bois.............	15,622					»	
Dont le trentième . .	524	260,500	q. m.	16,67	538,22		538,22
							1709,54
							1391,40

Différence en faveur du tracé par les plateaux par kil. carré. 318 q. 14

Les cantons de Colombey et de Toul-sud présentent donc sur ceux de Vaucouleurs, Gondrecourt et Void, une supériorité incontestable, puisque les deux premiers produisent 1,710 quintaux métriques par kilomètre carré, tandis que la moyenne des autres n'est que de

CANTONS DE GONDRECOURT, VAUCOULEURS ET VOID.

Superficie : 83,353 h.— 834 kil. carrés. — Population : 30,974, soit 37 habitants 16 par kil. carré.

SURFACES CULTIVÉES.	PRODUIT MOYEN d'une année.	PRODUIT par hectare cultivé.	PRODUIT par kilomètre carré.	POIDS TOTAL par kilomètre carré.	OBSERVATIONS.
13,517	164,740	12,19	197,53	143,80	
165	1,646	9,98	1,97	1,44	
3,806	56,550	14,87	67,80	40,14	Cantons de Toul et Colombey, 29 h. 05 par hectare cultivé.
10,304	145,405	14,10	174,34	69,74	
2,140	230,149	107,54	275,95	206,96	Cantons de Gondrecourt, Vaucouleurs et Void. 20 h. 46 par hectare cultivé.
69	1,139	16,50	1,36	1,09	
992	7,229	7,28	8,66	6,06	
1,352	55,886	41,34	67,01	73,71	Poids de 110 kil. avec le fut.
32,345	662,744		793,82		
83	123	1,48	0,14	0,14	
118	20,396	172.84	24,45	24,45	
6,010	209,449	34,84	251,10	251,10	
2,515	59,533	23,67	71,38	71,38	
25,580					
853	426,500	16,67	501,39	501,39	Production à raison de 500 q. m. à l'hectare.
				1394,40	

1,594 : ajoutons que les cultures dont le rendement est compté à l'hectolitre, rapportent seulement 20 hect. 46 par hectare dans les cantons de la Meuse, et que les notres donnent une moyenne de 29 hect. 05.

La population y est en outre de 20 habitants de plus par kilomètre carré.

Voilà les chiffres donnés par la Statistique agricole plus locale : s'ils sont atténués, c'est certainement pour les cantons de Toul et Colombey, pour le premier surtout, où la vigne est particulièrement cultivée, car s'il y a des écarts possibles dans les renseignements donnés par les maires, c'est surtout à l'égard des productions les plus abondantes et les plus variables.

M. l'Ingénieur en chef des mines, Jacquot dit, en parlant des vignobles du Toulois. « Ces côtes sont très productives ; année moyenne » on peut estimer le rendement de l'hectare à 80 ou 90 hectolitres ; » il s'élève exceptionnellement dans les bonnes années à 200 hecto- » litres » (1), tandis que le chiffre donné par la Statistique comparative des arrondissements n'est que de 44 hect. 85, et la moyenne des cantons de 57, c'est-à-dire les deux tiers environ de la production réelle.

D'après les registres de l'Administration des Contributions indirectes, il a été enlevé des vignobles de l'arrondissement de Toul, en 1859, 224,995 hectolitres, et en 1860, 207,529 hectolitres de vins, exportation quatre fois plus forte que celle qui est indiquée dans la Statistique générale. Dans ces chiffres, les deux cantons de Toul et celui de Colombey sont compris pour une moyenne de 166,548, ou 255 hectolitres par kilomètre carré.

Vins enlevés par congés ou acquits des bureaux ci-après, compris dans la zône de 10 kilomètres du tracé par les plateaux.

	1859	1860		1859	1860
Colombey	656,44	1,476,12	Lucey	12,065,75	10,006,27
Bulligny	13,124,25	9,218,45	Domgermain . . .	15,835,95	12,106,55
Blénod-les-Toul . .	10,671,13	8,793,11	Choloy	5,927,32	6,585,12
Allamps.	1,492,08	1,504,16	Trondes	4,517,51	3,587,90
Villey-le-Sec . . .	2,366,40	2,864,46	Charmes	5,765,39	4,376,05
Écrouves	6,176,45	3,453,75	Mont	6,696,38	6,573,19
Foug	12,205,58	7,259,97	Toul	23,534,64	36,816,77
Gondreville	1,904.38	3,281,11	Chaudeney	5,137,51	3,645,55
Laneuveville . . .	5,107,53	3,514,07	Saulxures. . . .	781,21	1,724,36
Bicqueley	2,769,60	3,372,05	Bruley	9,661,76	8,093,73
Pagney-dᵉ-Barine.	7,621,15	3,409,75	Lagney	9,412,43	6,991,55
	64,094.99	48,146,73		99,355,85	100,504,02
				64,094,99	48,146,73
				163,450,84	148,650,75

(1) Essai d'une Statistique agronomique de l'arrondissement de Toul, page 203.

On voit quelle augmentation des renseignements plus exacts dans la Statistique donneraient sur les avantages déjà acquis au tracé par les plateaux.

En résumé, nous n'admettons pas que l'on puisse prétendre à une supériorité relative, au point de vue agricole, qui doive appeler les faveurs d'un chemin de fer, lorsqu'on est obligé de prendre une surface double pour établir des comparaisons avantageuses.

La population et la production calculées au kilomètre carré sur chacun des tracés, est la seule comparaison raisonnable et logique, et nous n'en reconnaissons pas d'autre.

On peut étendre ou restreindre à volonté la zône utile, mais les circonscriptions administratives ne sont d'aucun intérêt dans la question, et on ne peut pas contester que les communes du canton de Vézelise, qui bordent le canton de Colombey, profiteraient autant du chemin par des plateaux que celles de l'extrémité du canton de Gondrecourt, qui en sont beaucoup plus éloignées, pourraient utiliser celui de la vallée.

Nous maintenons donc notre zône de 10 kilomètres de chaque côté de l'axe comme moyen le plus exact d'établir le rapport qui existe entre les deux pays. Nous ne la croyons ni trop restreinte ni trop étendue. Il a été démontré d'ailleurs qu'une zône de 5 kilomètres ferait bien mieux encore ressortir les avantages du tracé par les plateaux.

Il résulte en définitive du premier tableau, que 50 kilomètres de parcours à travers les deux arrondissements, et sur une zône de 10 kilomètres de chaque côté, donneront, dans la Meurthe, produits végétaux : 582 q. $\times$ 600 - 229,200 quintaux métriques, et dans la Meuse, 232 $\times$ 600 = 139,200 quintaux métriques.

Différence en faveur du tracé par les plateaux, 90,000 quintaux métriques, ou 9,000 tonnes.

Population :

Tracé par les plateaux. . . . 84,45 $\times$ 600 = 50,870
Tracé par la vallée . . . . . 41,52 $\times$ 600 = 24,792
Différence en faveur du tracé par les plateaux.   6,078 habitants.

Bétail :

Tracé par les plateaux. . . . 9,03 $\times$ 600 = 5,418
Tracé par la vallée . . . . . 5,68 $\times$ 600 = 2,208
Différence en faveur de l'arrondiss^t de Toul.   3,210 têtes.

Appliqués à une superficie égale à celle des trois cantons de Gondrecourt, Vaucouleurs et Void, ces chiffres donneront en faveur des plateaux 12,510 tonnes, 8,448 habitants, et 4,462 têtes de bétail.

De la comparaison des produits des cantons indiquée au second tableau, il résulte que sur le même parcours et la même zône de 10 kil., on aura :

Tracé par les plateaux. $1709,54 \times 600 = 1,025,724$.
Tracé par la vallée . . $1591,57 \times 600 = 854,840$
Différence en faveur du tracé par les plateaux $\overline{190,884}$ q·m· $19,088^t$.

Population :
Tracé par les plateaux. $57,70 \times 600 = 54,620$
Tracé par la vallée . . $57,16 \times 600 = 22,296$
Diff^{ce} en faveur du tracé par les plateaux $\overline{12,524}$ $12,524$ habit^{ants}.

Ces excédants, rapportés à une superficie égale à celle des trois cantons de la Meuse, donneraient : 26,566 tonnes et 17,150 habitants.

De même que toutes les autres industries, si les chemins de fer sont destinés à produire, ils doivent se rapprocher de leurs aliments naturels, et comme ils vivent par les voyageurs et par les marchandises, s'ils traversent les pays les plus riches et les plus peuplés, ils sont plus assurés du profit. Le tracé des plateaux satisfait seul à cette règle.

La délibération porte ensuite : « dans la Meurthe le canton de » Thiaucourt s'est prononcé pour le tracé par la vallée de la Meuse, » et une partie de ceux de Domèvre et de Toul-nord se rat- » tache au même chemin par la disposition des lieux. »

Il est bien vrai que la majeure partie des communes du canton de Thiaucourt, a demandé le raccordement de la ligne projetée à Pagny, mais ce fait, quoique regrettable, n'a pas l'importance que semble y attacher la Commission de la Meuse.

M. le Sous-Préfet de Toul n'a pas, comme son collègue de l'arrondissement de Commercy, réuni les Maires afin de les préparer à cette enquête, et leur faire comprendre que sur une question intéressante pour une partie de l'arrondissement, l'intérêt général de la contrée réclamait l'unanimité dans les avis.

L'Administration de la Meurthe a laissé chaque maire et chaque conseil à son propre mouvement ; néanmoins dans les pays réellement et directement intéressés, il n'est pas une commune qui n'ait donné son adhésion pleine et entière. Nous ne savons si le tracé de la Meuse a réuni d'aussi unanimes suffrages parmi ces derniers. Nous avons parcouru la vallée et nous avons rencontré dans les campagnes bien des opposants.

Mais quel a été le mobile de Thiaucourt en se séparant des intérêts du reste de l'arrondissement ? Il n'a pas été de favoriser la vallée de la Meuse, au détriment des vignobles du Toulois dont il fait partie. L'espoir d'un prolongement dans la vallée du Rupt-de-Mad sur Metz, a seul causé cette divergence.

Ce n'est plus comme les habitants de la Meuse, le désir de voir réunir Lérouville à Verdun, mais bien Pagny à Metz. Il ne s'agit ni pour les uns ni pour les autres du chemin de Chaumont à Toul en lui-même, mais seulement de son prolongement hypothétique, que les habitants de la Meuse préparent par Lérouville à Verdun, et ceux du canton de Thiaucourt par le Rupt-de-Mad à Metz.

Ces opinions nous paraissent certainement très respectables, mais on conviendra au moins qu'elles ne doivent peser que dans la mesure des intérêts qu'elles défendent, relativement à ceux qui sont mis en jeu. Il est bien naturel que les populations qui se trouvent placées à l'extrémité opposée des voies à construire, réclament leur prolongement et fassent des vœux dans ce sens, mais ne sont-elles pas un peu en dehors de la question.

Mettons de côté, pour un instant, tous ces désirs inconciliables, qui n'ont pas d'autre effet que de détourner l'attention et d'embarrasser les décisions de l'administration ; car, que la gare de biffurcation soit établie à Toul ou à Pagny, il n'y a aucune raison pour qu'il ne se fasse pas un chemin de fer de Lérouville à Verdun, ou de Toul à Metz par la vallée du Rupt de Mad.

La station de Toul étant le point milieu qui commande la ligne désirée de Verdun et la ligne en exploitation de Metz, il ne peut être fait un meilleur choix pour leur réunion et pour faciliter leurs relations respectives avec le Midi.

Les intérêts de la ville de Toul, de ses cantons et de celui de Colombey, ne doivent pas être sacrifiés à des projets qu'ils ne demandent pas mieux que de voir exécuter, mais dont la réalisation est tout aussi facile et plus avantageuse par le tracé qu'ils réclament.

Débarrassée de ces prolongements hypothétiques, la question se simplifie, car il n'y a qu'à jeter les yeux sur la carte pour voir où sont dans ses rapports avec le midi, les véritables intérêts du canton de Thiaucourt.

Thiaucourt a une bonne route qui le relie à Toul, il est, avec cette ville, sinon en grande communion d'intérêts à cause de celles de Metz et de Pont-à-Mousson qui l'approchent de plus près, du moins en relation d'affaires et d'administration. Il ressort du tribunal de Toul; il a dans cette ville son bureau d'hypothèques, etc., et il a un courrier régulier pour le service des dépêches. Les cultivateurs du canton suivent également son marché hebdomadaire.

Il est de l'intérêt bien entendu de tous, de chercher à accroître l'importance d'une ville avec laquelle on est forcé d'avoir des rapports. Plus la ville de Toul développera son activité, son commerce et son industrie, plus cela devra profiter aux pays producteurs des environs; et si les vins des côtes de Toul acquièrent de nouveaux débouchés, il est évident que tous ceux de l'arrondissement participeront à cette extension.

Thiaucourt est à 27 kilomètres de Saint-Mihiel, qui serait le point le plus rapproché de la vallée de la Meuse où il pourrait rencontrer un chemin de fer, tandis que le canton touche au chemin établi sur la Moselle, par Arnaville.

Qu'on envisage la question au point de vue de la construction du chemin de Chaumont à la ligne de l'Est, pris isolément, ou qu'on voie en perspective le prolongement vers Sedan, l'intérêt du canton de Thiaucourt reste le même, l'arrivée à Toul lui épargne le trajet de Toul à Pagny, dans ses rapports avec le Midi.

On doit reconnaître aussi que ce canton est, entre tous, le moins intéressé à l'exécution du chemin projeté, qu'il aboutisse à Toul ou à Pagny, et sa séparation dans cette circonstance, du reste de l'arrondissement, ne doit être pris en considération, ainsi que nous l'avons déjà dit, qu'en raison directe des intérêts qu'il peut avoir dans la question. De quoi s'agit-il? De relier Neufchâteau à Toul ou à Pagny. Or, l'arrondissement de Neufchâteau a demandé à être réuni directement à Toul.

La Commission des Vosges comme celle de la Meurthe, ont réclamé le tracé par les plateaux, et si on recherche l'importance des avis, il semble que celui de la Commission des Vosges qui, placée à la tête des deux directions rivales, et jugeant suivant les intérêts du département des Vosges, a bien quelque valeur. Ce serait selon nous, remplir le programme annoncé et satisfaire les vœux des populations intéressées, que de faire droit à l'opinion de ces deux Commissions contre la troisième.

Les communes de Boucq, Trondes et Laneuveville ont également voté pour le raccordement à Pagny, parce que leur territoire touche à celui de cette commune. Celle de Lay-Saint-Remy l'a demandé chez elle.

Que l'on fasse le raccordement à Commercy par Void, et qu'il ne soit plus question de Pagny, on verra toutes ces localités le réclamer à Toul.

Cela prouve que les Conseils municipaux ont eu toute liberté pour manifester leur opinion, que chacun tient à être à portée du chemin projeté, et que les circonscriptions cantonales sont sans effet dans la question.

Enfin la délibération termine ce chapitre par les trois considérants suivants :

« Que la prolongation de cette voie sur Sedan doit encore rendre » plus fécond l'avenir de cette ligne qui, dans l'autre tracé expire » à Toul. »

« Que les débouchés à donner aux produits de la vigne sont, de » l'aveu même de la Commission, de Toul vers Paris, et nous le » croyons aussi vers le nord, avantage que lui assurerait la pro- » longation du tracé par la Meuse ».

» Que dans certaines années les céréales devront aussi, par suite » de la suppression actuelle de l'échelle mobile, s'écouler vers le » Nord. »

Nous ne reviendrons pas sur ce que nous avons dit relativement à l'utilité du prolongement de cette voie sur Sedan, seulement nous sommes surpris que l'on trouve que l'autre tracé expire à Toul.

Nous pensons que Toul peut tout aussi bien entretenir la vie à l'embranchement de Chaumont, que Pagny : à ce sujet nous croyons pouvoir rassurer nos adversaires, et s'il devait expirer à l'un des points de raccordement, se serait certainement à Pagny.

Dans les derniers arrangements faits entre l'État et la Compagnie de l'Est, il n'est pas question du chemin de Lérouville à Verdun, ce qui prouve qu'il n'est pas encore mûr; notre avis est donc que pour ne pas la laisser expirer à Pagny, on doit amener la ligne de Chaumont, à Toul, où elle trouvera de suite dans la vallée de la Moselle, une nourrice qui lui procurera des aliments en attendant que l'autre vienne se charger de ce soin. Nous la croyons bien capable de boire aux deux mamelles si on les lui présente, mais il est prudent de lui assurer déjà le lait de la première.

Vraiment on ne saurait comprendre que pouvant du même coup et aussi avantageusement relier Langres et Chaumont à la vallée de la Moselle et à celle de la Meuse, en aboutissant à Toul, on sacrifie cette dernière ville pour ne desservir qu'une des deux vallées, la moins importante à tous les points de vue.

Les vins de Toul ont tous les débouchés qu'on peut leur donner sur Paris; depuis la construction du chemin de fer l'exportation a acquis de ce côté un certain développement que nous reconnaissons, tandis que les difficultés relatives que rencontre le transport vers les Vosges, ont causé une diminution très sensible dans cette direction.

C'est là du reste l'effet naturel des chemins de fer. Mais Paris a aussi ses caprices, et il ne s'attache à nos vins que dans certaines années. Depuis deux ans c'est à peine si nous en avons vu partir quelques fûts. Ce n'est pour nos vignobles qu'un débouché accidentel, tandis que les contrées voisines qui manquent de vin offrent un écoulement naturel, régulier, assuré, qui attire le premier · trop-plein de nos produits; c'est pourquoi les deux contrées réclament leur réunion.

Neufchâteau a bien, contre le département de la Meurthe, quelques vignes qui produisent un peu dans les bonnes années, mais au-delà de cette ville le pays, sur une grande étendue, en est dépourvu, et il ne se trouve pas pour le desservir de vignobles plus rapprochés que les nôtres.

Il est possible aussi que dans certaines années les céréales s'écoulent vers le Nord, mais nous ferons remarquer que les départements du Nord-Est, qui forment les 2e et 3e régions agricoles, sont précisément celles qui ordinairement produisent au-delà de la consommation; en conséquence, les céréales n'y seront dirigées que par exception. Du reste, comme rien ne s'oppose à la réalisation des vœux de la Commission de la Meuse, en ce qui concerne le chemin de fer de Lérouville à Sedan, sinon la nécessité absolue pour que ce projet se réalise, que celui que nous discutons aboutisse à Pagny, nous ne voyons pas en quoi la bifurcation se faisant à Toul, cela gênerait cette exportation.

On a annoncé, il y a deux ans, que la direction des douanes de Metz avait visé à l'exportation en Allemagne 66,000 hectolitres de blés algériens, du 1er janvier au 15 mars. A ce point de vue, le tracé par les plateaux qui continue le chemin de la Moselle est donc aussi avantageux.

5° Au point de vue commercial.

« Considérant qu'il importe d'établir la ligne projetée, de ma-
» nière à faciliter le plus possible, les communications entre la
» Belgique et le nord-est de la France d'une part, et le sud-est de
» la France d'autre part ; qu'à cet effet il convient de se rappro-
» cher autant que possible d'une ligne droite partant d'Anvers et
» allant à Marseille ;

» Que le tracé par la vallée de la Meuse s'en éloigne moins que
» celui par les plateaux ;

» Que du reste, dans le passé, le transit entre ces deux points
» avait toujours suivi la vallée de la Meuse par la route impériale
» n° 64.

On voit que pour la Commission de la Meuse, le chemin projeté
n'est que l'accessoire ; elle pense qu'étant établi comme elle le dé-
sire, il nécessitera un prolongement, le prolongement tant désiré
de Lérouville à Sedan.

Tous les chemins vont à Rome, dit le proverbe, mais quoi qu'on
fasse, il faut bien compter avec les chiffres, et pour qu'on pense
relier des pays éloignés comme Marseille à Anvers, il faut procurer
la direction la plus courte, ou on ne peut pas prétendre à la préférence.

Or, si on ne parvient pas à faire un chemin plus court entre Bologne et Mézières que celui qui existe déjà par Blesme, Châlons,
Mourmelon et Reims, on n'aura rien créé, et nous avons démontré
plus haut qu'il ne pouvait être raccourci qu'au moyen de la corde
à établir entre Chevillon et Nançois-le-Petit.

Considéré dans ses rapports avec le Nord-Est ou le Sud-Est de la
France, il ne montre pas plus d'utilité générale, car de toute façon,
pour se servir de ce chemin, de quelque côté qu'on vienne, soit de
l'Ouest, soit du Sud, soit de l'Est, on rencontre forcément Epernay,
Châlons, Bologne, Frouard, points de biffurcation d'où partent des
lignes vers le Nord. Si de Bologne on a plus court de passer par
Reims, à plus forte raison d'Épernay ou de Châlons. Quant à l'Est,
il est desservi sur Sedan et la Belgique par Frouard, Metz, Uckange,
Montmédy, Carignan, d'une façon plus avantageuse encore que
ne pourrait le faire le nouveau chemin.

En effet, on a d'un côté :

Frouard à Lérouville . . . . 56 kil.
Lérouville à Sedan par la route 128
Différence entre la longueur de la route et celle
    du chemin de fer à établir. 17
                                                 —————
                                                 204

Tandis que de Frouard à Ebange 71
Ebange à Sedan. 119
                                                 —————
                                                 190

Ceci démontre suffisamment que le chemin de Bologne à Pagny, lors même qu'il serait continué sur Sedan, ne deviendrait qu'un chemin d'intérêt local.

Au contraire, nous avons prouvé dans nos précédentes observations qu'aboutissant à Toul il raccourcissait notablement le trajet entre le Midi, le centre de la France et Nancy, la vallée de la Moselle, Metz, Sarrebruck, Thionville, Coblentz, Cologne, le Rhin, les chemins de fer Prussiens et les villes anséatiques.

En effet, on a :

Dijon à Chalindray par le nouveau chemin 68
Chalindray à Bologne. 63
Bologne à Toul 91
Toul à Frouard. 26
Frouard à Metz 47
                                                 —————
                                                 295

Dijon à Gray. .   65
Gray à Nancy. .   217 sans compter les 8 kil. aller et retour de
                                 Vesoul à Vaivres.
Nancy à Metz. .   55
               —————
               341

Doit-on sacrifier cet avantage positif à une satisfaction toute locale ?

La vraie direction à ouvrir pour réaliser le plan de la Commission, est donc celle de Chevillon à Nançois-le-Petit, qui raccourcira réellement la distance par la vallée de la Meuse ; mais celle qui réunit la Moselle et le Rhin avec Lyon et tout le Midi, est celle de Toul. La prendre sur Pagny, serait perdre sans profit les avantages de l'arrivée dans une ville et d'une communication directe déjà établie.

Quant au transit dans le passé, nous pensons encore que le tracé que nous soutenons le rétablit mieux. Il est, en effet, facile de se rendre compte de son importance relative sur les deux routes de Neufchâteau à Vaucouleurs et de Neufchâteau à Nancy.

Si c'est par la vallée de la Meuse, route n° 64, que se faisait le transit du Midi avec la basse Meuse et la Belgique, la route n° 74 recevait celui de la vallée de la Moselle et de l'Allemagne.

On nous accordera bien que les routes les plus fréquentées indiquent des relations commerciales plus suivies et plus importantes entre les points qu'elles relient. — Or, l'administration des ponts-et-chaussées prend à des époques déterminées, attachement des voitures qui passent sur toutes les routes, et on trouve dans ses états, que la fréquentation diurne était, savoir :

Route n° 64, de Neufchâteau à Maizières	1844-45 = 245 colliers.	1851-52 = 153 colliers.		
Route n° 74, de Châlons à Sarreguemines........	id.	399	id.	id.	314	id.
Différence en faveur de la route 74.....	154 colliers.		161 colliers.	

Les chemins de fer de Dijon à Vesoul et de Blesmes à Gray ont beaucoup modifié la fréquentation des deux routes, néanmoins la route n° 74, direction de Nancy, a toujours conservé la supériorité, car les attachements pris en 1856-1857 donnent par jour :

Route n° 74, poids brut . . . . 244 tonnes
id. n° 64, id, ... 202 tonnes.

Différence en faveur de la route n° 74 . . . 42 tonnes 1/2.

Quelle est donc, au point de vue commercial, la direction qui doit avoir la préférence pour rétablir le transit qui se faisait dans le passé, et pour assurer au chemin à exécuter un plus fort tonnage? sinon celle des plateaux qui remplace la route n° 74.

Le chemin de Chaumont à Toul reprendra également le transit de la route n° 60 de Nancy à Orléans ; il répond aussi à un projet que nous croyons être à l'étude, et qui consisterait à relier Orléans à Strasbourg par Troyes.

Nous avons dit précédemment que la France faisait un commerce très-important avec l'association allemande et les villes anséatiques, dans lequel le Midi avait la grande part. Toutes les marchandises qui arrivent par les voies de Metz et de Wissembourg, devront passer par ce chemin. Pourquoi les grever d'un surcroît de parcours de 11 kilomètres ?

A un point de vue plus spécial au commerce, n'est-il pas plus avantageux de réunir plus directement Lyon à Metz, que Lyon à Verdun? Dijon, Langres, Chaumont, Neufchâteau, à Toul, Nancy et Metz, qu'à Vaucouleurs, Pagny, Commercy, Verdun? Chaumont et Neufchâteau ne peuvent rien gagner à être reliés à Pagny, à Commercy, ni même à Verdun, qui n'a guère plus d'importance, tandis que la direction de Nancy et de Metz leur ouvre des débouchés considérables.

La compagnie de l'Est a bien compris de quel côté sont les relations commerciales de Neufchâteau et du Midi, aussi n'est-ce ni à Pagny ni dans la vallée de la Meuse qu'elle les a cherchées, mais bien vers Toul. C'est là encore une preuve que les relations n'ont pas cessé d'être de ce côté, et qu'on doit les y maintenir.

VI. — Au point de vue industriel.

« Considérant que le but principal de la ligne projetée est de
» fournir aux usines métallurgiques de la Haute-Marne et de la
» Meuse le combustible minéral, et de réaliser en cela le pro-
» gramme de sa majesté l'Empereur, du 5 juillet 1860.

» Que ce combustible ne peut venir utilement que de Prusse,
» d'une part, de Belgique ou du nord de la France de l'autre.

» Que le combustible de Prusse, dans un avenir très-rappro-
» ché, arrivera par le canal de la Sarre et celui de la Marne-au-
» Rhin, et que la distance de dix kilomètres entre Toul et Pagny,
» parcourue par bateaux, sans être une cause d'augmentation dans
» le fret, sera largement compensée par la plus grande facilité de
» transbordement d'une part, et la plus grande économie occa-
» sionnée par une traction plus facile d'autre part.

» Que les houilles de Belgique et de Valenciennes, qui arrive-
» ront, soit par le canal de l'Aisne et celui de la Marne-au-Rhin,
» soit par le chemin de Sedan à Lérouville, lorsqu'il sera cons-
» truit, auront 10 kilomètres de moins à parcourir, et en outre
» des crêtes moins élevées à franchir. »

Nous avons déjà établi que les charbons du Nord, de la Belgique et de Valenciennes ne pouvaient être amenés utilement par les canaux, à Pagny, en destination de la Meuse et de la Haute-Marne, puisqu'ils peuvent facilement remonter la Marne, la vallée de l'Ornain, et desservir plus avantageusement sur leur parcours les usines de ces vallées, et particulièrement les établissements métallurgiques de Tusey et d'Abainville. Nous avons également dit, quant aux charbons de Prusse en destination pour la Meuse ou pour la Haute-Marne, qu'il s'en arrêtera peu à Pagny ou à Toul, parce qu'ils peuvent continuer le canal jusqu'à des points beaucoup plus rapprochés des usines auxquelles ils seront destinés.

Quant à Tusey, qui seul serait plus près du chemin par la vallée, il continuera à se servir de son port de Sauvoie, et aimera autant n'avoir à faire qu'un transbordement par voiture qu'il n'éviterait pas, que de reprendre à Pagny le chemin de fer, qui augmenterait le prix de revient et le déchet du charbon.

Il ne reste guère que les usines du Haut-Rognon, au-dessus de Doulaincourt, de la Marne, au-dessus de Donjeu, de l'Aujon, de l'Aube, de l'Ourse, etc., qui utiliseront le chemin de fer pour les houilles prussiennes seulement, parce que si elles usent des houilles du Nord, qui sont à une très-grande distance, elles les trouveront au port de Saint-Dizier, dont elles sont moins éloignées. Mais, ainsi que nous l'avons démontré, les houilles prussiennes qui devront prendre cette direction ne viendront pas par le canal pour être transbordées sur le chemin de fer. La Compagnie abaissera son tarif, comme elle vient déjà de le faire, pour soutenir la concurrence contre le canal.

Dans tous les cas, si le transbordement avait lieu, il vaudrait mieux qu'il eut lieu à Toul, puisque les houilles auraient, d'une part, 11 kilomètres de moins à parcourir, ensuite, qu'aux abords des villes il y a toujours plus de ressources pour avoir des ouvriers.

Quant aux crêtes moins élevées à franchir, nous en avons fait justice également, en démontrant que lors même que le projet ne pourrait pas être amélioré, ce que nous contestons, les rampes de 0,007 ne présentent pas de difficultés, puisqu'on est obligé d'en franchir de plus fortes dans le trajet à parcourir par la même machine, et que d'ailleurs le plus grand développement des rayons par les plateaux compense cette différence entre les deux variantes; ensuite, la Compagnie de l'Est remaniera ces projets dans les limites de la latitude qui lui est laissée par son acte de concession, et soit d'un côté soit de l'autre, l'intérêt de ses finances l'engagera sans doute à augmenter encore ces rampes.

Nous n'ajouterons donc rien aux considérations que nous avons fait valoir plus haut sur tous ces points.

La délibération ajoute : « **Que de Neufchâteau à Toul il n'existe** » **aucun établissement industriel devant offrir un tonnage consi-** » **dérable, et que parmi les quelques usines secondaires qui s'y** » **rencontrent, les unes, celles de Bellevue et de Chaudeney, peu-** » vent utiliser aussi avantageusement la ligne de l'Est, et l'autre, » celle de Vannes, la voie par la vallée de la Meuse. »

« Que le tracé de la Meuse, au contraire, dessert toutes les » usines hydrauliques de la vallée, les hauts-fourneaux, fonderies » et ateliers de Tusey, pouvant à eux seuls, fournir un tonnage » minimum de 12,000 tonnes ; les hauts-fourneaux et laminoirs » d'Abainville, 20,000 tonnes ; les hauts-fourneaux et forges de » Berthéléville, Dainville, Bonnet et Papon, dont les feux n'atten- » dent pour se rallumer que la création d'une voie de communi- » cation à leur portée ; les trois tuileries de Maxey-sur-Vaise, celle » de Maxey-sur-Meuse ; la filature de Demange-aux-eaux et la tré- » filerie de Vacon, pour les transports à destination du Midi. »

On donne, comme on le voit, beaucoup d'importance aux éta-blissements industriels de la vallée, et très peu à ceux des plateaux.

On ne voit que les usines *secondaires* de Bellevue et de Chau-dency, qui peuvent, dit-on, utiliser aussi avantageusement, la ligne de l'Est, et celle de Vannes, la voie par la vallée, mais on compte pour rien nos usines hydrauliques, les belles tuileries de Sanzey, de Bouvron, de Bruley, celles de Colombey, d'Autreville, de Mon-tigny, de Jubainville, l'importante scierie de Toul, qui reçoit, débite et expédie une grande quantité de bois du pays et de la Haute-Moselle.

Toutes ces usines, pas plus que celles de la vallée de la Meuse, ne peuvent utiliser le chemin de fer de Paris à Strasbourg pour les transports dans la direction du Midi, aux besoins desquels le che-min qui nous occupe est spécialement affecté.

Nous avons montré déjà, l'importance de la verrerie de Vannes qui se trouve sur le territoire d'Allamps, et il ne faut que jeter les yeux sur la carte pour voir qu'elle ne peut se servir aussi avanta-geusement de la voie par la Meuse que de celle des plateaux. Elle n'est placée qu'à 3 kilom. et demi de la station de Barizey, à laquelle elle est reliée par une belle route, tandis qu'elle serait à 10 kilom. de la station la plus rapprochée dans la vallée, sans chemins pour y aboutir, et à 16 kilom. de celle de Vaucouleurs, qui lui allongerait encore le trajet en chemin de fer.

Dans notre précédente Notice, à laquelle nous renvoyons, nous avons également fait voir ce qu'il fallait penser des usines hydrauliques de la vallée de la Meuse. La tréfilerie de Vacon et la filature de Demange-aux-eaux nous paraissent trop éloignées pour avoir un intérêt dans la question ; elles sont toutes deux sur le canal de la Marne au Rhin, qui les conduit aussi bien à la station de Toul qu'à celle de Pagny. Elles ne peuvent donner des produits si importants, qu'elles aient beaucoup à craindre du surcroît de parcours par bateaux, si tant est qu'elles aient besoin de se servir de ce chemin. Demange-aux-eaux est aussi près de la ligne de l'Est que de celle à construire, et lorsque Chevillon sera réuni à Nançois-le-Petit, ce sera également pour cette localité la direction du Midi la plus avantageuse.

Quant aux hauts-fourneaux et forges de Bonnet et Papon, nous dirons que ce ne sont pas les voies de communication qui leur ont manqué. Dans l'état où ces établissements se trouvent, il faudrait les reconstruire presque complètement pour les utiliser, et si leurs feux sont éteints, cela tient à des considérations d'un autre ordre.

Lorsqu'on a une voie aussi économique que le canal de la Marne au Rhin, à 5 ou 6 kilomètres seulement, et de bonnes routes pour s'y rattacher, on ne peut se plaindre des voies de communication ni prétendre qu'un chemin de fer qui se trouvera placé à une bien plus grande distance pourrait modifier aussi radicalement une mauvaise situation, cela n'a rien de sérieux.

Dainville et Berthéléville sont dans le même cas, et chacun sait que le cours d'eau qui dessert ces usines est souvent insuffisant. D'ailleurs, se relèvraient-elles et donneraient-elles de bons produits, ceux-ci seraient complètement absorbés par la forge d'Abainville, qui aurait ainsi sous la main des fontes qu'elle prend plus loin : alors elles ne profiteraient pas davantage au chemin de fer.

En ce qui concerne Tusey, il nous a été reproché par M. Philippoteaux, son gérant provisoire, de nous être fait le défenseur du tracé par les plateaux au détriment de l'usine qu'il dirigeait, et cela, a-t-il dit, « dans un intérêt d'amour-propre et de clocher, M. Petitbien est, dit-on, maire de Blénod. »

Comme nous n'avons pas écrit en cette qualité, M. Philoppoteaux aurait pu réduire encore notre intérêt dans la question, à un intérêt de cheminée : lui seul a parlé dans l'intérêt général.

Nous sommes toujours prêt à rectifier les erreurs qui pourront se glisser dans nos chiffres, notes ou appréciations, lorsque ces erreurs nous seront démontrées. Nous appelons avec trop de confiance la discussion pour ne pas remercier M. Philippoteaux, de ses observations, qu'il nous sera néanmoins permis de combattre.

Nous nous en étions rapporté sur les chiffres de la fabrication de l'usine de Tusey, à une personne qui nous paraissait devoir être bien renseignée, et nous nous étions trompé, (mais à l'avantage de cet établissement), dans la production totale, par un déplacement de virgule.

Quant au nombre d'ouvriers, il nous a été donné par la direction des contributions directes du département de la Meuse. Dans une colonne du tableau que nous avions donné à remplir, il est écrit, à propos de Tusey, « un haut-fourneau et une belle fonderie, 100 ouvriers. »

Ce n'est donc pas de notre faute, s'il y a erreur. Du reste, la quantité d'ouvriers employés n'a pas d'importance ici.

Depuis la lettre de M. Philippoteaux, nous avons dû recourir aux sources officielles pour avoir le travail ou la production réelle de l'usine.

Voici le résultat de nos recherches près de l'Administration des mines qui est chargée du contrôle des usines.

CONSOMMATION.	1856.	1857.	1858.	1859.	1860.	année moyenne
	q. m.	q. m.	q. m.	q. m.	q. m.	q. m.
Minerai provenant de la vallée de l'Ornain	35,246	32,190	37,645	26,180	32,960	32,842
Charbon de bois	13,295	14,245	14,479	10,859	13,744	13,318
Combustible minéral cru, de Prusse.	4,967	4,844	4,638	4,867	4,533	4,770
Combustible minéral cru, de Saint-Étienne	376	520	445	422	435	440
Combustible minéral carbonisé de Prusse.	8,452	5,517	4,749	5,554	4,824	5,753
FONTE ÉTRANGÈRE EMPLOYÉE A LA FABRICATION.						
Anglaise	4,047	3,873	2,500	2,649	1,887	2,991
Des usines voisines. . .	9,328	9,456	»	250	4,813	4,469
Bocages achetés à divers.	632	417	167	446	486	304
Total de la consommation.	73,043	68,032	64,583	47,894	57,382	64,587

TRAVAIL DE L'USINE.	1856.	1857.	1858.	1859.	1860.	année moyenne.
	q. m.	q. m.	q. m.	q. m.	q. m.	q. m.
Fonte brute.	5,902	6,237	7,462	4,998	6,962	6,312
Fonte de moulage de 1ʳᵉ fusion (1)	7,468	5,915	6,980	4,989	5,381	6,147
Fonte de moulage de 2ᵉ fusion (2)	23,192	25,566	12,628	16,563	14,294	18,449
TOTAL de la production. . .	36,562	37,718	27,070	26,550	26,637	30,908
Ne doit-on pas déduire de ces chiffres les quantités de fonte brute, bocages, etc., provenant de l'usine elle-même et employée en 2ᵉ fusion, ...	13,983	12,388	15,170	10,875	11,775	12,838
RESTERAIT comme pouvant sortir de l'usine.	22,589	25,330	11,900	15,675	14,862	18,070

Les approvisionnements s'élèveraient donc, année moyenne, à 31,587 quintaux métriques, et la production brute à 50,908, bocages compris.

Explique qui pourra comment, dans de telles conditions, on peut assurer à la ligne à construire, 120,000 quintaux métriques ou 12,000 tonnes.

Nous avons bien négligé quelques matières, telles que le sable de moulage et la castine, mais cela n'a pas d'importance.

Voyons donc ce qui pourrait profiter au chemin de fer : c'est un point capital.

L'usine de Tusey tire son minerai de la vallée de l'Ornain, vers Tréveray, Saint-Joire, dans une direction opposée au chemin de fer : elle ne peut, par conséquent, l'utiliser pour cet approvisionnement : elle est d'ailleurs, par le canal de la Marne au Rhin, et par de bonnes voies de terre, bien rattachée à ces contrées.

Soit à déduire . . . . 52,842 q. m.

A reporter . . . . 52,842 q. m.

(1), (2) Dans ces quantités de fontes moulées, 1ʳᵉ et 2ᵉ fusion, sont compris les bocages, qui y entrent pour un peu moins du tiers.

Report.	52,842 q. m.

Le charbon de bois est pris dans les forêts voisines, et il serait moins avantageusement transporté en chemin de fer qu'autrement ; à déduire. . . . 15,548 q. m.

Puisque selon la Commission, le canal de la Marne au Rhin et celui de la Sarre, suffisent aux besoins de l'industrie pour les charbons provenant du bassin prussien, on les ferait suivre jusqu'à Sauvoie, ainsi que nous l'avons démontré plus loin, plutôt que d'opérer le transbordement en chemin de fer à Pagny ; on a donc encore à déduire de ce fait :

Combustible minéral cru. . . . . 1,770 }
   Id.   carbonisé . . . . . 5,755 }   7,525 q. m.

Les fontes anglaises arrivent nécessairement aussi par voie d'eau, soit par la Seine ou la Somme, et les canaux qui s'y rattachent, jusqu'à Sauvoie ou Pagny. On les transporte de Calais à Strasbourg (900 kilom.), à raison de 25 fr. la tonne, ce que le chemin de fer ne pourrait guère faire.

Comptons-en seulement la moitié, ou . . . . 1,495 q. m.

Quant aux fontes tirées des usines voisines, nous ne savons dans quelle proportion elles peuvent profiter au chemin de fer. Les fonderies les plus rapprochées de Tusey sont encore celles de la vallée de l'Ornain, avec lesquelles cet établissement est relié par le canal de la Marne au Rhin, mais il peut tirer aussi des fontes de la Meurthe et de la vallée de la Moselle, et comme avec le chemin de fer il pourrait en faire venir de la Haute-Marne, nous en admettrons les deux tiers, comme pouvant profiter à cette voie :
A déduire un tiers de 4,169, soit . . . . . . 1,389 q. m.

Les bocages achetés à divers sont amenés à l'usine par les vendeurs : à déduire. . . . . 504 q. m.

Total . . . . 56,871 q. m.

A retrancher de 61,587 . . . . 61,587 q. m.

Ce qui laisse au chemin de fer, dans les approvisionnements, 4,716 quintaux métriques, ou 472 tonnes. . . . . 4,716 q. m.

Quant à la production marchande, elle est en majeure partie cédée dans le pays et dans un rayon assez restreint.

En supposant qu'on donnerait au chemin de fer la totalité de la production, et qu'on y ajouterait encore dans les approvisionnements les charbons prussiens, on n'arriverait pas à 5,000 tonnes, ce qui est loin des 12,000 annoncées comme minimum.

L'établissement d'Abainville aurait travaillé pendant la même période, de 1856 à 1860, inclusivement, comme il suit :

Approvisionnements.

	Total des cinq années.	Année moyenne.
Minerai provenant de la vallée de l'Ornain	420,000 q. m.	84,000 q. m.
Minerai provenant de la Meurthe.	20,000	4,000
Combustible végétal carbonisé. .	187,000	37,400
Comb^{le} minéral carbonisé (Prusse)	560,600	112,120
Fonte étrangère à l'usine employée à la fabrication du fer (provenant principalement de la H^{te}-Marne)	220,000	44,000
Consommation.	1,407,600	284,520
Production de la fonte employée dans l'usine même, à la fabrication du fer	165,000	33,000
Fer produit en totalité.	288,750	57,750

D'après ces chiffres qui sont comme ceux de Tusey, fournis à l'administration par les usines elles-mêmes, il entrerait en approvisionnements 28,152 tonnes, et il en sortirait 5,775 tonnes de fer.

Si on fait la même opération que pour Tusey on aura à déduire, comme ne pouvant profiter au chemin de fer :

1° Minerai de la vallée de l'Ornain (environs de l'usine opposés au chemin) . . . . 8,400 tonnes

2° Minerai de la Meurthe par le canal de la Marne au Rhin, gare de Houdelaincourt, à 5 kilomètres de l'usine. . . 400

3° Charbons de bois pris dans les forêts environnantes. . 5,740

4° Charbon minéral provenant de Prusse, par le canal. . 11,212

A reporter. . . 25,752

Report. . . . 23,752

On ne peut pas contester que si le canal de la Marne au Rhin suffit pour les charbons provenant de la Prusse, c'est surtout à Abainville que cela peut être appliqué, puisque ce canal arrive presque à sa porte, et on ne peut pas supposer que placé dans de telles conditions, il veuille pour cet objet utiliser le chemin de fer qui ne pourrait lui rendre le combustible qu'à un prix beaucoup plus élevé et à une distance minimum de 15 à 20 kil.

On voit en effet figurer dans les états d'attachement du canal de la Marne au Rhin que la gare de Houdelaincourt a reçu en 1859, 7,859 tonnes de houille et coke, venant du côté du Rhin, 1,244 tonnes venant du côté de la Marne, et en 1860, 8,851 tonnes.

Total. . . 23,752

Dans le total des approvisionnements, il ne resterait que les 4,400 tonnes de fonte étrangère à l'usine et qui sont indiqués comme provenant principalement de la Haute-Marne. Il nous est difficile de savoir ce qui pourrait profiter au chemin de fer. Nous croyons d'abord que si, dans les cinq années comprises dans nos renseignements, on a employé principalement des fontes de la Haute-Marne, cela s'est modifié depuis, car nous voyons débarquer en 1859, 2,690 tonnes de ce métal à Houdelaincourt, venant du côté du Rhin, et 135 tonnes venant de l'autre côté ; en 1860, 5,505 tonnes venant également du côté du Rhin ; et en 1861, 2,966 de la même direction.

Nous ne disons pas que tout soit destiné à l'usine d'Abainville, mais il est incontestable qu'elle est pour une grande part dans ces expéditions importantes.

D'ailleurs, Abainville est placé près des usines de la vallée de l'Ornain, de celles de la vallée de la Saulx, à 50 kilomètres de Joinville, par la route impériale n° 60. Les fontes prises dans les usines voisines, soit sur la Saulx, soit sur l'Ornain, ne pourraient être apportées à Abainville par le chemin de fer qui nous occupe, puisque ces établissements en sont encore plus éloignés. Celles des environs de Joinville et de Saint-Dizier seraient plus avantageusement transportées par voie de terre, par la Marne canalisée et le canal de la Marne au Rhin, jusqu'à Houdelaincourt. En effet, on a d'une part :

De Joinville à Bologne.	29 kil.	ch. de fer, tarif ord^{re},	0 f. 08 c.	2	32
De Bologne à Domremy	57	id.	id.	0 08	4 56
De Domremy à Abainville (voiture,	20	par terre		6	» »
Frais de gare et de manutention.				1	30
	106 kil.			14	18

Ou Joinville à Bologne	29 kil.	0 08	2 32
Bologne à Maxey.	71	0 08	5 68
Maxey à Abainville.	45		4 50
	Frais de gare et de manutention		1 30
	125		13 80

Et par le canal on aura :

Joinville à Saint-Dizier (ch. de fer) . . .	29	0 08	2 32
De Saint-Dizier à Houdelaincourt, par eau	121	0 025	3 02
De Houdelaincourt à l'usine.			1 00
Manutention et frais de gare			1 30
	150		7 64
De Joinville à Abainville (par terre) . .	30		9 »»

De Bologne même on aurait encore intérêt à descendre jusqu'à Saint-Dizier pour se servir de la voie d'eau.

On a en effet :

Bologne à Saint-Dizier, ...	58 kil.	0 08	4 64
De Saint-Dizier à Houdelaincourt			3 02
De Houdelaincourt à l'usine.			1 00
Frais de gare et de manutention.			1 30
			9 96
De Bologne à Maxey			5 68
De Maxey à Abainville			4 50
Frais de gare et de manutention.			1 30
			11 48
De Bologne à Domremy			4 56
De Domremy à Abainville			6 00
Frais de gare et de manutention			1 30
			11 86

On voit que plus on descendrait la Marne, et moins on aurait d'intérêt à faire remonter les fontes vers Bologne pour les obliger à prendre le chemin de la vallée de la Meuse, et on n'a qu'à jeter les yeux sur la carte n° 1, jointe à nos premières observations, pour voir que la situation d'Abainville, par rapport aux usines de la Haute-Marne, ne se prête pas à ce qu'elle utilise le chemin par la vallée de la Meuse, dont le point le plus rapproché (Maxey) se trouve encore assez éloigné (15 kilom.) dans une direction diamétralement opposée.

Ne doit-on pas conclure de ce qui précède, qu'aucune partie de la masse des approvisionnements d'Abainville ne peut être apportée par le chemin de fer. Il ne reste donc que la production de 5,775 tonnes de fer qui se répand dans le pays, en dehors de la consommation des environs. Mais on reconnaîtra qu'elle doit peu s'étendre lorsqu'on saura que le département de la Meuse n'a guère que cette usine à fer dont les produits ne suffisent pas aux besoins de la consommation.

D'un autre côté, si on examine sur la carte la série des départements où l'industrie de fer domine, on voit que celui de la Meuse est cerné, au sud, par le groupe qui donne à la France la plus grande masse de produits de cette nature, et particulièrement par celui de la Haute-Marne, qui, à lui seul, en jette sur le marché onze fois plus que la consommation moyenne. Au nord, il est serré entre ceux de la Moselle et des Ardennes, dont le premier en fournit également dix fois et le second trois fois plus que la consommation.

A l'est, la Meurthe, le Haut et le Bas-Rhin, ne fabriquent pas tout ce qui leur est nécessaire, mais placés qu'ils sont entre la Moselle, la Haute-Saône et la Haute-Marne, Abainville ne peut faire dans ces départements qu'une concurrence difficile, d'autant plus que l'Allemagne nous envoie des quantités assez considérables de fer, dont une bonne partie doit être employée dans le voisinage de la frontière.

L'écoulement naturel des produits d'Abainville est donc vers l'ouest. Le département de la Marne, qui ne produit pas de fer, ouvre à cet établissement de vastes débouchés dans cette région où manquent les établissements métallurgiques.

On peut dire que si l'usine d'Abainville a pu faire concurrence à celles de la Moselle et de la Haute-Marne, dans la Meurthe et en Alsace, c'est grace au canal de la Marne au Rhin, qui amène ses produits presque sans frais sur ces territoires, et qui la met dans une situation exceptionnellement favorable que le chemin de fer ne peut améliorer. Néanmoins l'exception cessera dès que le canal de la Sarre sera terminé, car il permettra aux forges de la Moselle d'expédier dans ces contrées non moins facilement. Alors les fers d'Abainville reprendront leur direction naturelle vers les pays où cette matière manque.

Abainville est à 535 kilomètres de Mulhouse, soit par Maxey, Pagny, Strasbourg, soit par Maxey, Bologne, Chaumont; il n'en est qu'à 502 kil. par Joinville, d'où il suit que les expéditions pour la Basse-Alsace ont intérêt à suivre la voie de Pagny, tandis que celles qui seraient en destination pour le Haut-Rhin, vers Mulhouse, peuvent être dirigées sur Joinville. On a en effet à peu près les mêmes frais pour les deux parcours.

Abainville à Maxey, 15 kil. 4f50
Maxey à Mulhouse, 520 kil., 08 c. 25f60
                                              ‾‾‾‾‾‾
                                              50f10

Abainville à Joinville, 30 kil., ... 9^f » »
Joinville à Mulhouse, 272 kil., 0,08 c. . . . 21^{f}76
_____
50^{f}76

Le transport par le canal à la gare de Pagny présente seul un petit avantage.

Le chemin de fer par la vallée de la Meuse ne peut donc rendre aucun service à l'établissement d'Abainville, ni attendre de lui autre chose que ce qu'il donne aujourd'hui à la station de Pagny, pour la direction de l'Alsace.

En présence des chiffres indiqués comme produits possibles de Tusey et d'Abainville, nous croyions avoir commis une erreur dans les notes que nous avons données sur le trafic de la gare de Pagny. Mais de nouveaux renseignemens pris à ce sujet, ont confirmé les premiers chiffres.

Notre Notice présentait le travail de 1860, nous donnons ci-dessous celui de l'année 1861.

	EXPÉDITIONS.		ARRIVAGES.	
	voyageurs	marchandises.	voyageurs	marchandises.
1. Stations de Pagny à Paris	2,638	2,044'5	1,071	387'5
2. Stations de Pagny à Forbach, Thionville, Vissembourg, Strasbourg et Mulhouse. .	3,332	2.994	1,944	1,445 6
3. Embranchement de Reims et Mourmelon.	47	298	40	648 3
4. Ligne de Paris à Chaumont	14	15 8	5	4 1
5. Blesmo à Gray	36	168 6	29	170 2
6. Chalindrey à Thann	» »	24 6	» »	7 6
7. Varangéville à Épinal.	35	272 5	13	49 3
	6,102	5,812 0	3,102	2,649 6
		2,649 6	6,102	
		8,461'6	9,204	

Le trafic de 1861 a donc été de 8,461 tonnes et 9,204 voyageurs. Ce résultat est inférieur à celui de 1860 ; cela s'explique parce que l'année 1860 a été exceptionnelle pour le transport des vins du toulois vers la capitale, et comme nous ne connaissions pas alors la nature des marchandises expédiées, nous avions été conduit à faire une part trop large aux usines.

Quant à la nature des marchandises, les deux années sont résumées dans le tableau suivant :

EXPÉDITIONS.			ARRIVAGES.		
NATURE DES MARCHANDISES.	POIDS		NATURE DES MARCHANDISES.	POIDS.	
	1860	1861		1860	1861
Argile	66,3	85,2	Bestiaux	»	»
Bestiaux	194	422	Boissons	89,6	95.2
Boissons	2,004,3	179,3	Coke.	142	242
Céréales.	515,5	909,4	Fers	485,9	492,9
Fers	1,705	1,844,5	Fonte brutes . . .	320,2	424,1
Foin et paille. . .	547	1,014,6	Houille	484,9	684,7
Fontes	1,394.3	1,397,8	Sels.	85,2	95,4
Divers	452,7	352,9	Divers	1,132,7	1,602,4
Totaux. . . .	6,879,1	5,905,7		2,740,5	3,636,1

La gare de Pagny a donc expédié :

En 1860, 1,705   tonnes de fer)
En 1861, 1,844,5   id.   } 1,774,8 moyenne.

Si on déduit de ces quantités ce qui est fourni par le commerce local, on aura le produit que peut donner Abainville. Nous croyons lui faire la part large en la portant à 1,500 tonnes. C'est là tout ce que cette usine peut apporter au chemin de fer à construire, et encore à cause de la facilité qu'elle a de se servir du canal, expédiera-t-elle toujours à la station de Pagny, plutôt que d'envoyer par voitures, à Maxey-sur-Vaise.

Quant à l'usine de Tusey, nous admettrons qu'elle a expédié environ 1,200 tonnes de fonte et en a reçu 400; plus, elle pourrait donner au chemin de fer 600 tonnes de houille. On voit que nous laissons peu au commerce local.

Lorsque nous avons écrit nos premières observations, l'usine de Tuzey était en pleine activité et en grande prospérité. Elle avait à sa tête deux hommes spéciaux, et faisait, disait-on, la fortune de ses actionnaires. Les deux têtes qui la dirigeaient ont disparu, et depuis lors elle a périclité. Est-ce la faute du traité de commerce ; est-ce la perte de la direction ; est-ce la situation de l'usine ? Nous ne voulons point discuter ces points délicats. Elle vient d'être vendue, espérons que sous ses nouveaux propriétaires elle reprendra son activité première ; mais nous ne cesserons de répéter que l'industrie doit se placer près des chemins de fer, et que ceux-ci doivent peu se détourner pour des établissements isolés, attendu que les chemins restent dans le vide lorsque les usines disparaissent.

En résumé, Abainville et Tusey peuvent donner environ 4,000 tonnes au chemin de fer de l'Est (à la station de Pagny), dont toujours la destination sera dans le sens de la ligne principale, ainsi que le constate le faible trafic de cette gare avec les embranchements au Nord et au Midi ; comme d'ailleurs cela est rationnel, puisque dans les directions perpendiculaires on rencontrerait une grande surabondance de produits de même nature.

Par le tracé de la Meuse, le chemin à construire est donc appelé à profiter sur le parcours de Vaucouleurs à Pagny, (11 kil.), de tout ce qu'expédie ou reçoit aujourd'hui la fonderie de Tusey, Abainville ayant intérêt à se servir du canal jusqu'à cette station.

Quoi qu'il en soit, le tonnage fourni par ces usines ne peut guère dépasser ces chiffres, et il devra encore diminuer, lorsque les forges de la Moselle auront un chemin de fer et un canal vers l'Alsace.

Nous ne voulons pas revenir sur ce que nous avons dit dans notre première Notice au point de vue industriel sur le tracé par les plateaux, mais nous ferons remarquer que nos industries présentent autant de ressources pour le chemin de fer que celles de la Meuse :

Examinons maintenant la question industrielle sous un aspect plus large.

Suivant les relevés statistiques les plus récents, l'industrie de la Haute-Marne se borne presque exclusivement à la fabrication du fer et de la fonte, puisque dans une valeur de produits de 26,626,803 fr., ces métaux entrent pour 23,211,698 fr. : Ce département manque donc de toute espèce de matières manufacturées autres que le fer, et c'est lui être utile que de le mettre en communication directe avec des pays où se rencontrent des industries plus variées, surtout s'il y trouve place pour sa production principale.

Un chemin dans la vallée de la Meuse, n'a point d'intérêt pour la Haute-Marne, puisque le supposant continué jusqu'à Sedan, il n'abrégerait pas le parcours vers les houillères du Nord, et il ne rencontrerait que des pays où il y a déjà trop plein des mêmes matières, car si le département de la Meuse ne fournit pas du fer au-delà de la consommation, il la dépasse en production de fonte de plus de 22,000 tonnes. D'un autre côté la Belgique, au lieu d'en venir chercher chez nous, nous en apporte environ 15,000 tonnes, tandis que la Meurthe, les Vosges, le Haut-Rhin et le Bas-Rhin empruntent à leurs voisins environ 25,000 tonnes de fer ou fonte.

D'après le dernier compte-rendu de l'administration des mines, le département de la Haute-Marne aurait consommé, de 1855 à 1858, inclusivement, 544,590 tonnes de houille. Dans ce chiffre, les charbons prussiens entrent pour 361,540 tonnes, tandis que ceux du Nord et de la Belgique réunis n'y sont comptés que pour 95,290 tonnes. On vient en aide à l'industrie en facilitant cette importation principale.

C'est en raccourcissant le trajet vers les houillères de Prusse, et en faisant ainsi baisser le prix du charbon dans les pays industriels, qu'on obtiendra également, par la concurrence, une réduction sur ceux des autres provenances.

Le tracé par les plateaux, en même temps qu'il ouvre des débouchés aux produits du département de la Haute-Marne, qu'il donne à Chaumont une communication directe, qui lui manquait, vers Nancy, Strasbourg, Metz, Sarrebruck et l'Allemagne, prépare une voie nouvelle aux industries plus variées de ces dernières contrées qui fabriquent pour une valeur considérable.

Le département de la Moselle présente, pour les matières fabriquées, autres que le fer et la fonte, une valeur de 16,123,316 fr., consistant principalement en verreries, huile, papier, pluche, etc.

Le chiffre de la fabrication s'élève dans la Meuse à 24,668,266 f., dans lequel le fer et la fonte entrent pour 9,588,405 f. : reste aux autres industries 12,079,861 f. Ces dernières seulement donnent dans la Meurthe pour 27,416,177 f.

Voici du reste l'importance industrielle des deux départements résumés dans le tableau suivant :

NATURE DES INDUSTRIES.	MEURTHE.		MEUSE.	
	NOMBRE d'établissements.	OUVRIERS employés.	NOMBRE d'établissements.	OUVRIERS employés.
Tissus	1,612	9,502	1,576	12,081
Mines ou carrières	206	3,197	317	3,768
Fabriques de métaux	15	347	98	4,161
Fabrication d'objets de métaux	245	1,465	448	3,085
Industrie du cuir	97	791	96	757
Industrie du bois	818	3,446	853	3,615
Industrie céramique	136	5,310	155	1,261
Produits chimiques	85	1,288	67	302
Industrie de bâtiment	4,044	27,005	3,246	23,612
Industrie de l'ameublement	223	3,848	120	621
Industrie de l'habillement	6,909	79,433	5,685	21,065
Industrie de l'alimentation	4,604	20,187	3,467	11,491
Industrie des transports	1,843	14,471	1,959	9,480
Industrie relative aux sciences et aux arts	105	1,164	77	1,218
Industries de luxe et de plaisir	85	748	44	343
Industrie de guerre	2	6	»»	3
Industrie funéraire	35	720	29	135
Industries diverses non désignées	»»	3	»»	39
	21,061	149,801	18,237	96,937

La superficie du département de la Meurthe étant 6,028 kilomètres carrés : celle du département de la Meuse de 6,251 kilomètres,
on a, par kilomètre carré :

MEURTHE.		MEUSE.
Établissements industriels ...	5,50	2,92
Ouvriers industriels........	24,85	15,55

La population active des deux départements se répartit ainsi :

MEURTHE		MEUSE.
Arts agricoles.....	150,598	150,961
Industrie.........	172,778	97,057
Commerce........	24,510	12,517
Diverses	1,345	942
	549,231	501,277

On voit que la population de la Meurthe est plus essentiellement
industrielle et commerciale que celle de la Meuse ; si on ajoute
qu'en masse, le premier département fournit 74 habitants 70 par
kilomètre carré, tandis que le département de la Meuse n'atteint
que 52 habitants 74, on aura indiqué le choix à faire.

Il n'est donc pas douteux que, soit qu'on limite l'utilité du chemin de fer de Chaumont à la ligne de l'Est à un rayon restreint,
soit qu'on l'étende, le tracé par les plateaux doit encore, au point
de vue industriel, avoir la préférence.

CONCLUSION.

I. Nous avons dit que le tracé par les plateaux pouvait être notablement amélioré, et ne le fut-il pas, en supposant d'une part justifiées les difficultés signalées aux tranchées de Saint-Élophe, et sans avoir égard d'autre part aux mécomptes inévitables que doivent donner des travaux exécutés dans une vallée fréquemment submergée, il est prouvé qu'il offre encore sur celui de la Meuse une économie de plus de 700,000 francs.

Il est de plus incontestable qu'au moyen de la latitude laissée à la Compagnie pour les rayons et les pentes, toutes les difficultés d'exécution, fussent-elles démontrées, disparaîtraient sur le tracé des plateaux ; tandis qu'on ne peut éviter sur l'autre ni ces tunnels, ni ces grands ponts, ni ces remblais insubmersibles à travers la vallée.

Il est établi que les rampes de 0,007 millimètres, sont insignifiantes puisque les autres parties du tracé et même la ligne principale en présentent de plus fortes ; que d'ailleurs le plus grand développement des rayons et la plus grande somme d'alignements droits sur les plateaux rachèteraient largement la différence de déclivité.

Nous croyons que la gare de Toul n'a pas besoin de bien grandes additions pour recevoir la ligne de Chaumont, et que ce n'est pas un des moins grands avantages du tracé des plateaux que d'aboutir à une ville. Le projet de la Meuse se raccorde au contraire en un point des plus isolés où tout est à créer, situation désagréable qui n'est généralement admise que lorsque des obstacles considérables s'opposent à une meilleure disposition.

Si l'on veut le tracé le plus court, le plus économique, le plus facile à exécuter,

au point de vue de la construction de la ligne :

on choisira le tracé des plateaux.

II. Les profils démontrent que si besoin est, le chemin de fer peut être relié au canal de la Marne au Rhin, aussi facilement à Toul qu'à Pagny, et il est superflu d'ajouter que les transbordements seraient près de cette ville moins onéreux ; mais à Pagny ce serait la seule voie que ce chemin rencontrerait, tandis qu'à Toul viennent aboutir en outre, une grande quantité de routes et la navigation de la Haute-Moselle, qui lui apporteront leur tribut.

9

Si l'on tient à ce que ce chemin profite de tout ce que peut procurer la réunion d'un grand nombre d'artères rayonnant dans toute les directions,

au point de vue de la jonction avec les autres voies de communication :

on prendra le tracé des plateaux.

III. Il est certain que si l'on veut relier les places d'une même région ou d'un même échiquier, Toul, Verdun, Montmédy, etc... à des points éminemment stratégiques comme Langres et Metz, il n'est pas rationnel de négliger ou d'éviter Toul qui est l'étape naturelle entre Langres et toutes les villes fortes du Nord-Est. Il ne peut y avoir d'utilité à augmenter le trajet du centre de la France aux places de Metz et de Strasbourg, puisque d'autres points plus importants ne doivent pas profiter de cet allongement.

Il paraît incontestable que la gare de bifurcation étant à Pagny est plus exposée à une surprise de la part de l'ennemi que si elle est placée sous les canons d'une place.

Si l'on veut abréger les marches, réunir les places importantes et mettre la gare à l'abri d'un coup de main,

Au point de vue stratégique :

on adoptera le tracé des plateaux.

IV. On ne peut sérieusement soutenir que le chemin par les plateaux ne desservirait pas une zône égale à celui de la vallée, et que la configuration géographique des cantons doive être prise en considération. On ne peut non plus nier la supériorité relative de la production agricole du pays toulois sur celui de la Meuse, soit quant à la quantité, soit quant à la variété. Il ressort au contraire des documents donnés par la Statistique pour les deux arrondissements de Toul et de Commercy, que le tracé des plateaux offre contre celui de la vallée un tonnage supérieur de 150 quintaux métriques par kilomètre carré, lequel étant appliqué à notre zône de 10 kilomètres produirait 9,000 tonnes, et 12,540 en prenant une surface égale à celle que donnent nos adversaires.

On a vu aussi qu'en ne comptant, comme on le fait pour le tracé de la Meuse, que la production, les avantages du tracé des plateaux seraient encore mieux marqués, puisque celle des deux cantons de Toul-Sud et Colombey est encore supérieure de 348 quintaux métriques, par kilomètre carré, à celle des cantons de Gondrecourt, Vaucouleurs et Void, ce qui assurerait au tracé que nous défendons, sur la zône de 10 kilomètres, un avantage de 19,088 tonnes, ou de 26,566 tonnes si on prend une surface égale à celle des trois cantons de la Meuse.

Il résulte également de la Statistique publiée par l'Administration que le trafic relatif au bétail serait dans une proportion de 5 têtes 68 dans l'arrondissement de Commercy, contre 9 têtes 03 dans l'arrondissement de Toul, soit 5 têtes 35 par kilomètre carré en faveur des plateaux.

On a de même démontré que la population est, dans les cantons de Toul-Sud et Colombey, de 20 habitants de plus par kilomètre carré que dans ceux de Vaucouleurs, Gondrecourt et Void.

Quoique la production viticole soit atténuée dans la Statistique administrative, on reconnaîtra sans peine que toutes les industries de la vallée, lors même qu'on n'en rencontrerait aucune sur les plateaux et que l'existence des premières serait moins exposée, ne peuvent annihiler cette situation qui, résultant de la nature même du sol et de la topographie du pays, ne peut que croître et se développer avec la facilité des communications.

Si l'on veut un chemin qui soit réellement utile à l'agriculture, qui traverse des pays de production abondante, des populations denses et laborieuses,

au point de vue agricole:

on prendra le tracé des plateaux.

V. Nous avons établi qu'il n'était pas possible de faire avec l'embranchement qui nous occupe, un chemin plus court que ceux qui existent déjà entre Marseille et Anvers, puisqu'on ne peut raccourcir le trajet entre Bologne et Mohon, qu'au moyen du raccordement à établir entre Chevillon et Nançois-le-Petit.

On reconnaîtra que l'intérêt du commerce est qu'on fasse communiquer ensemble et le plus directement possible toutes les agglomérations de populations, qui forment précisément des centres commerciaux : on ne peut contester la valeur de Toul à ce point de vue, soit par ses marchés de grains, soit par l'exportation de ses vins.

Nous avons vu précédemment l'importance du chemin de Chaumont à Metz, à cause des affaires que fait le Midi avec l'Allemagne et les villes anséatiques.

Nous avons fait voir que la route n° 74 qui relie Neufchâteau à

Nancy et à Metz était plus fréquentée dans le passé, comme dans le présent, que la route n° 64, de Neufchâteau à Mézières.

Si l'on veut un chemin qui relie plus directement les villes im- portantes, qui rétablisse les relations commerciales, qui traverse des pays riches, commerçants, peuplés ; si l'on veut que les voya- geurs qui seront obligés à des temps d'arrêts trouvent à s'occuper et puissent faire des affaires, c'est à Toul qu'il faut aboutir.

En conséquence,

au point de vue commercial :

on adoptera le tracé des plateaux.

VI. Nous avons fait raison des chiffres fabuleux de produits qu'on promettait au chemin de fer de la part des usines de la vallée. Nous avons établi que Tusey seul pouvait utiliser avantageusement cette voie, mais qu'Abainville était placé dans une situation excep- tionnellement favorable à cause de sa proximité du canal de la Marne au Rhin. Nous avons montré ce qu'on pouvait attendre des autres établissements situés à des distances plus éloignées en- core de la voie à construire, ou complètement abandonnés. Il est établi que le tracé des plateaux dessert un aussi grand nombre d'industries plus variées, dans un rayon plus restreint.

Si ensuite on considère que l'unique occupation de la Haute- Marne est la métallurgie, et qu'elle est obligée de tirer d'autre part les autres produits manufacturés qui sont nécessaires à sa consom- mation, on reconnaîtra qu'il ne soit pas rationnel de la relier di- rectement avec des départements ses voisins, où la même industrie domine.

Nous avons prouvé que le chemin qui nous occupe ne peut pas être avantageux à la métallurgie pour le transport des houilles du Nord, et que le raccordement de Chevillon ou Vassy à Nançois- le-Petit pourrait seul réaliser un petit avantage de ce côté.

Nous avons montré, d'après le compte-rendu de l'administra- tion des mines de 1855 à 1858 inclusivement, que l'importion du charbon prussien dans la Haute-Marne représentait les 3[4 de la consommation totale; d'où il suit que tout allongement de ce côté grèverait l'industrie de ce département.

Si on examine l'importance, la variété des établissements et des produits industriels dans la Meurthe, ainsi que la quantité d'ou- vriers qui y sont occupés,

Si on reconnaît que l'industrie métallurgique n'est pas la seule à laquelle il faille venir en aide et qu'on y vient d'ailleurs, sinon moins exclusivement, aussi directement et d'une manière plus efficace en la rapprochant des houilles de Prusse, et en lui ouvrant pour ses produits, des débouchés sur des points où elle pourra s'approvisionner de ceux qui lui manquent,

On verra qu'*au point de vue industriel :* on doit encore choisir le tracé des plateaux.

Nous ne terminerons pas sans dire un mot sur un bruit qui a couru relativement au point à fixer pour la tête de ligne ; on a dit qu'elle serait établie à Toul. Ce serait pour nous une preuve de plus que nous avons raison. On ne se raccorde généralement à un autre point que lorsque la disposition des lieux ne permet pas d'aboutir directement à la gare principale, ou lorsqu'on doit économiser en profitant de la ligne déjà construite, un certain parcours ; mais ici le cas est tout différent, puisqu'on allongerait le trajet et on dépenserait davantage pour s'éloigner du point important.

Si on devait former les trains à Toul, même dans l'espoir d'un prolongement sur Verdun, on ne voit vraiment pas pourquoi on n'y aboutirait pas. Que signifierait ce double rebroussement des deux directions vers Toul ? Ce serait une complication pour l'exploitation, une aggravation de charges pour l'entretien, et une telle disposition ne pourrait que nuire aux intérêts de l'Etat ou à ceux de la Compagnie.

Que gagnerait Toul à cette situation ? Quels grands avantages retire Nancy de la tête de ligne de Metz ? la gare importante est celle de Frouard.

En résumé, nous croyons que les chemins de fer doivent rechercher le raccourci, l'économie, les pays riches, les populations agglomérées, où les ressources naturelles leur assurent un trafic considérable ; et ces conditions ne se rencontrent, quoi qu'en disent nos adversaires, que sur le tracé des plateaux.

Certes, nous verrions avec plaisir les vœux de nos voisins se réaliser en ce qui concerne le chemin de Verdun à Lérouville, même continué sur le Midi par Nançois-le-Petit, Ligny, Chevillon, etc... ; tronçon pourrait procurer un avantage à la Meuse et au groupe métallurgique de la Haute-Marne. Nous verrions même avec satisfaction exécuter la canalisation de la Meuse jusqu'à Neufchâteau, pour favoriser les usines.

On pourrait peut-être aussi, sans augmentation de frais, descendre la vallée de la Meuse jusqu'à celle de Ruppes, et maintenir ainsi deux stations dans cette contrée, mais nous ne voyons pas pourquoi les intérêts du pays toulois seraient sacrifiés aux exigences de quelques industriels.

Du reste, de nouvelles études seront faites par la Compagnie de l'Est, dans les conditions de son cahier des charges, et on doit supposer qu'elle réclamera le tracé qui sera le moins onéreux à ses actionnaires. Dans cette prévision, nous espérons que, débarrassée de toute autre préoccupation que de ses intérêts, elle reviendra à celui que l'administration avait elle-même reconnu d'abord comme le seul praticable, puisqu'ayant deux études, elle n'avait mis qu'une seule variante à l'enquête.

T. BETITBIEN,

Propriétaire à Blénod-lès-Toul.

Toul, imprimerie de A. BASTIEN.

ERRATA.

Page 34, 10ᵉ ligne, *au lieu* de la production locale, *lisez :* de la pro--
duction ou de la consommation locales.

Page 35, lignes 31ᵉ et suivantes, *au lieu* de par kil., *lisez :* par kilomètre carré.

Page 46, 5ᵉ ligne, *au lieu de* 17 kilom. *lisez :* 15 kilom.

Même page, ligne suivante, *au lieu* de 201 kilom. *lisez :* 199.

www.ingramcontent.com/pod-product-compliance
Lightning Source LLC
Chambersburg PA
CBHW060648210326
41520CB00010B/1790